Maxim Zaharov

Bleibe Dir treu

Autor: Maxim Zaharov
Gestaltung: Maxim Zaharov
Herstellung und Verlag: Books on Demand GmbH

ISBN: 9783848204212

Inhalt

Die dritte Wange

Es geschah zu der Zeit Jesu, also vor etwa zwei Tausend Jahren. Jesus sprach zu seinen Anhängern und lehrte sie, zu lieben, zu vergeben und an Gott zu glauben. Vor allem sein Satz „Wenn dich jemand auf die rechte Wange schlägt, halte die linke Wange hin“ machte die Runde und sorgte für Furore.

Einer der Anhänger war allerdings ein wenig anders und so geschah es, dass er eines Tages allein unterwegs war. Da begegnete ihm ein Mann, der von Jesus und seiner Wangen-Regel schon mal gehört hatte und diese Regel ein wenig belächelte. Er sah den Anhänger, näherte sich ihm und schlug ihn mit voller Wucht auf die rechte Wange. Der Anhänger taumelte zurück, fiel auf den Boden und war erst mal völlig verdutzt ob der Heftigkeit des Angreifers.

Doch er wütete nicht, sondern dachte an Jesus Lehre, erhob sich und lächelte den Schläger an. Der Angreifer war beeindruckt. „Du schlägst nicht zurück?“, fragte er. „Nein, mein Freund, ich liebe dich und vergebe dir“, war die Antwort des Anhängers. „Aha“, entgegnete der Angreifer und schlug diesmal mit noch größerer Heftigkeit zu. Diesmal auf die linke Wange. Der Anhänger knallte auf den Boden und brauchte erst mal eine Weile bis er sich erholen konnte.

Dann erhob er sich, atmete durch und sprang mit einem wilden Schrei auf seinen Angreifer, um ihn in einem Hagel aus Schlägen und Tritten zu begraben.

„Hey, hey, hey“, rief dieser, „Moment mal, ich dachte du hältst dich an die Regel Jesu.“

„Das tue ich“, erwiderte der Anhänger, „aber ich habe keine dritte Wange“.

Bevor wir loslegen …

… möchte ich noch ein paar Worte sagen. Dieses Buch schreibe ich für mich – bitte nicht gleich weglaufen, denn mit dieser Einleitung möchte ich keineswegs auf irgendeine Form von extravaganter Selbstverliebtheit hindeuten oder eine spirituelle Bescheidenheit vorgaukeln. Vielmehr möchte ich gleich zu Beginn dieses Buches auf etwas für mich sehr Wichtiges hinweisen: Auf das Herz. Genauer gesagt auf die Sehnsucht im Herzen und nicht im Kopf. In einem späteren Kapitel werde ich genauer auf den Unterschied eingehen, doch zunächst möchte ich ein wenig praktische Spiritualität betreiben und mich selbst in erster Linie an etwas erinnern:

Dieses Buch schreibe ich für mich und nur so kann es authentisch bleiben, jenseits von strategischen Feldzügen à la „Was würde dem Leser gefallen? Wie kann ich ihn beeindrucken oder beschwichtigen?“ Nur so kommt das Geschriebene aus meiner ganz persönlichen Tiefe.

Kreativität muss (wie ich finde) stets ein Risiko eingehen und ehrlich bleiben – sich selbst *treu*. Daher bin ich mir sicher, dass manche meiner Worte dir nicht gefallen werden (ich hoffe natürlich nicht zu oft). Aber das müssen sie auch nicht. Ich bitte dich, alles, was du hier liest, mit Vorsicht zu genießen und stets daran zu denken: Es gibt nur eine Spiritualität – deine. Jeder von uns hat einen persönlichen Meister in sich und ganz persönliche Entdeckungen und

Einsichten. Und natürlich eine ganz individuelle Sicht auf die Welt, die weder gut, noch schlecht, sondern einzigartig ist. Wir alle sind Menschen und dabei wird es auch immer bleiben.

Vor allem ich (der Superautor dieses Buches) bin ein Mensch und darum geht es in diesem Buch: Um die Menschlichkeit. Es geht nicht um neue Selbstheilungsmethoden oder eine x-te Einleitung zum Thema Glück, sondern um das, was wir jetzt sind und auch sein dürfen. Und diese Erlaubnis ist bereits die beste Selbstheilungsmethode und der direkte Weg zum Glück.

Spiritualität ist eine wundervolle Sache und am Beginn meiner spirituellen Reise hat sie mich fasziniert und mir geholfen, denn ich befand mich in einer Krise, musste also lernen nach innen zu schauen. Das ist aber das Problem, dieses permanente unentwegte nach innen schauen, analysieren, untersuchen, verstehen wollen … Warum tun wir das eigentlich? Was bezwecken wir wirklich damit?

Kontrolle. Denn Kontrolle ist nicht selten der eigentliche Grund, weshalb wir nach innen gehen – nicht um zu heilen, nicht um zu verstehen oder zu lieben, sondern um zu kontrollieren, um loszuwerden. Es gibt da nämlich die irgendwie vorherrschende Vorstellung, ein spiritueller Mensch müsse immer ausgeglichen sein und in sich ruhen. Wie oft habe ich mich früher dafür verurteilt und verurteilen lassen, wenn ich wütend wurde. Und wie sehr habe ich unter diesem Verbot gelitten. Wut ist böse, Unruhe ist peinlich, emotionale Ausbrüche sind unreif.

Quatsch! Das ist das, was uns Menschen (auch) ausmacht! Das ist nicht peinlich, das ist *lebendig!* Schränke und Stühle sind ausgeglichen, ruhen in sich und sind erleuchtet. Willst du ein Schrank sein? Ich nicht. Ich meine schau dir die Natur an, da ist alles drin, Sonnenschein, Donner, Regen, Hagel. Nichts ist spiritueller als die „dunklen" Gefühle in uns. Und nichts ist geiler als mal laut zu sagen „Ach, scheiß drauf, ich entspanne mich jetzt!"

In diesem Sinne bedanke ich mich für den Kauf dieses Buches und wünsche dir viel Vergnügen.

Kostbar

Seit meiner Kindheit bin ich ein Science-Fiction-Fan und starre sehr gerne in den Himmel, um mich in den Weiten des dunklen Alls zu verlieren. Ich finde Astrophysik und Astronomie faszinierend und kannte als Kind nahezu alle Sternzeichen, Raumfahrtprogramme, Planeten- und Mondnamen, sowie all die verrückten Galaxienbezeichnungen auswendig (mittlerweile kann ich mich nur noch an den Bruchteil dessen erinnern – werde wohl alt), doch viel faszinierender fand ich die extraterrestrischen Wissenschaften, also die Suche nach kleinen grünen Männchen.

Das Spannende ist ja, dass die Wissenschaft noch keinen Beweis über die Existenz außerweltlicher Lebensformen erbringen konnte und manche der kühnen Forscher sogar davon ausgehen, dass wir allein im Universum sind. Ob es stimmt, kann natürlich niemand wissen – darum geht es mir auch nicht.

Worum es mir geht ist Folgendes: Das Leben ist ein Wunder und etwas absolut Einzigartiges, denn beim Betrachten des Universums wird einem sehr schnell bewusst, dass da „draußen“ unglaubliche Kräfte und Phänomene herrschen, die Planeten und Sterne erschaffen und wieder zerstören können, diese Kräfte jedoch nicht wirklich lebendig sind. Sie kennen kein Mitgefühl, keine Liebe, keine Träume, sie atmen nicht, sie haben kein schlagendes Herz und kein Bewusstsein. Das Universum ist kalt, dunkel, voll toter Steine und brachialer Energien. Es mag sein, dass diese Betrachtung oberflächlich, vielleicht ein wenig gruselig ist und manch ein Quantenphysiker wird behaupten, dass auf der subatomaren Ebene alles in Vibration und verbunden ist – und ein spiritueller Meister wird seine Worte bezeugen und sagen: „Alles ist eins, alles ist Liebe“.

Doch wir „Normalos“ haben nicht immer oder so gut wie gar keinen Zugang zu diesen Erkenntnissen und verbleiben sozusagen auf der Oberfläche. Außerdem kennt niemand die eine absolute Wahrheit. Was wir jedoch wissen oder wenigstens erspüren können, ist Folgendes: In diesem sonderbaren Universum aus Feuer und Stein ist das Leben rar, etwas ganz besonderes und daher ein Wunder.

Mit anderen Worten: Jeder von uns ist ein Wunder. Dass wir hier sind, ist etwas so unglaublich Verwunderliches … so kostbar, so zart und zerbrechlich … Wenn du Kinder hast, wirst du ohnehin wissen, was ich meine: Wenn du deinen kleinen Sohn dabei beobachtest, wie er lernt, Bauklötze aufeinander zu stapeln und sich darüber freut, wenn sie zusammenfallen. Oder wenn deine Tochter nach einem Wochenende mit ihrer Freundin in Ich-vermisse-Tränen aufgeht und sich an alles erinnert, was sie zusammen unternommen haben. Echte Freude, echte Trauer und die unendliche Schönheit – wenn das Lebendige in Aktion tritt, erforscht, beobachtet, berührt, lernt, sich verändert und am Ende einfach emotional wird, kann man nur demütig werden, voller Dankbarkeit, am Leben zu sein.

Die Sufis sagen: „Du hast einen langen Weg hinter dir: Zuerst warst du Sand, dann Staub und Stein, doch nun kannst du atmen und verstehen." Wenn Gott sein dunkles, wildes Universum liebt, ist das kleine Leben auf der kleinen Erde mit Sicherheit sein ganz spezielles Baby, dem er tagtäglich ins Ohr flüstert: „Wachse, mein Schatz, wachse …"

Und was ist mit uns? Wie sehr bekämpfen wir dieses Leben? Wie sehr hassen wir gar dieses Leben? Das menschliche Wehklagen über das Leben und über sich selbst ist alt und allgegenwärtig. Große Schriftsteller wie Dostojewski oder Remarque „beklagten" sich in ihren Werken direkt und indirekt über die Düsternis des Seins. Große moderne Filmemacher erschaffen heutzutage ganze Landschaften der seelischen Sperrigkeit, wie beispielsweise das letzte Werk eines meiner Lieblingsregisseure Lars von Trier „Melancholia", in dem das Leben sogar als etwas von Grund auf „Schlechtes" betrachtet wird, das vernichtet werden sollte.

Verstehe mich bitte nicht falsch, es ist nicht meine Absicht, das Leben auf Honigkuchen und Gänseblümchen zu beschränken. Mit der obigen wie-sehr-Fragerei hatte ich auch nicht vor, mich als selbstgerechter Super-Schriftsteller über irgendjemanden zu erheben und mit dem Zeigefinger herumzufuchteln.

Es gibt nämlich einen Grund, weshalb es Dostojewski oder Remarque oder Sartre oder von Trier gibt (und ich sie persönlich sehr schätze): Weil sie von einer anderen Seite des Lebens sprechen – von einer Seite, die wir nicht so gerne berühren und nicht immer verstehen können. Doch sie ist da und gehört dazu.

Denn trotz meiner spirituellen Selbsterforschung, mit der ich unter anderem meinen kritischen Bandscheibenvorfall heilen konnte, vergeht keine Woche, in der mich nicht mindestens ein Mal alles ankotzt und ich in Sarkasmus, Kritik und Schwarzseherei versinke. Trotz Humor, Verständnis und Liebe, gibt es immer einen Tag, in dem mir meine Arbeit, meine Frau, meine Kinder, meine Freunde, Gott und die Welt dermaßen auf den Zeiger gehen, dass ich schlichtweg das Handtuch schmeißen und nach Indien auswandern möchte.

Das Leben *ist* geil. Doch das Leben ist auch ein Miststück. Beides. Darin liegt die wahre, tiefe, mystische Schönheit des Lebens. Und auch die des Menschen.

Denn es ist hart ein Mensch zu sein, wahrscheinlich sogar der härteste Job im Universum. In jedem von uns spielen die gleichen Mächte Fußball, wie draußen im Weltraum. In jedem von uns gibt es unersättliche schwarze Löcher, (ver)brennende Sonnen, geheimnisvolle Magellanwolken, rasende Kometen, Asteroiden und Supernovae. Wenn dir dieser Vergleich zu malerisch oder zu bombastisch ist, dann frage dich: Hast du schon mal deine Wut einfach nur gespürt, ohne auszurasten? Oder deine Angst? Und was ist mit dem stärksten aller Gefühle: Liebe?

Gefühle sind eine Wucht!

Warum ist es hart ein Mensch zu sein? Weil wir emotionale Wesen sind. Wir haben ganze Ozeane von Gefühlen, die uns permanent berühren, um nicht zu sagen mit sich reißen. In keiner Schule dieser Welt haben wir gelernt, mit unseren Gefühlen umzugehen, sie zu akzeptieren, sie einfach nur zu spüren, nein, vielmehr haben wir gelernt, sie in „gut" oder „schlecht" zu teilen und manche von ihnen sogar zu verachten (ich weiß, ich erzähle nichts Neues, doch kennst du jemanden, der diese Worte mit Erfolg umgesetzt hat?).

Mit anderen Worten: Erlauben wir uns traurig zu sein? Nein. Erlauben wir uns wütend zu sein? Nein. Erlauben wir uns ängstlich zu sein? Nein. Was dürfen wir? Grinsen, schick aussehen und Smalltalks über die neuesten Smartphones führen.

Doch wann applaudiert Gott uns zu? Ich weiß, es ist ein wenig großspurig solch eine Frage zu stellen, doch da ist etwas in meinem Herzen, das sich auf diesen Seiten einen Ausdruck verschaffen möchte. Also, wann applaudiert Gott uns zu? Ist Gott daran interessiert, ob wir eine fantastische Karriere hinlegen oder nicht? Ob wir superschlank oder superreich sind? Ob wir immer das Richtige tun?

Nein, er applaudiert uns zu und tanzt um uns herum, wenn wir beginnen zu erkennen, wie wunderschön wir in unserer Komplexität sind. Er applaudiert uns zu, wenn wir beginnen zu dem zu stehen, was wir sind – wenn wir uns selbst treu bleiben.

Bleibe dir treu

Es ist einfach sich selbst treu zu sein und sich zu mögen, wenn man beliebt, attraktiv, reich, erfolgreich, seelisch ausgewogen, usw. ist. Doch wie ist es mit dieser Eigentreue, wenn man in allem, was man vorhatte, versagt hat? Wie treu ist man sich selbst, wenn man ständig pleite und chronisch arbeitslos ist, zu viel trinkt und raucht, körperlich eher zu der dickeren Fraktion gehört und bei dem anderen Geschlecht rote Zahlen schreibt? Wie treu kann man zu sich selbst sein, wenn man ständig unter Rückenschmerzen leidet, an Brustkrebs erkrankt ist, stottert, von Panikattacken oder emotionalen Dämonen gejagt wird?

Mit anderen Worten: Kannst du zu dir selbst „Ja“ sagen, wenn die Welt, das Leben oder von mir aus das ganze Universum zu dir „Nein“ sagt?

Denn genau darum geht es.

Wie gesagt, es ist einfach sich selbst treu zu sein, wenn man beliebt, erfolgreich, attraktiv, usw. ist. Allerdings ist diese Treue keine wirklich Treue – wenn das Leben so richtig „wie am Schnürchen“ läuft, tja, wer fragt da schon nach Treue und Liebe zu einem selbst? Wozu? Alles ist doch wunderbar, leicht! Das Leben ist einfach nur geil! Es sei denn … etwas läuft schief und man landet ganz unverhofft im Dreck, wird krank, verliert den geliebten Arbeitsplatz oder den wunderbaren Partner. Erst wenn die farbenfrohen Lichter ausgehen und die

Welt finster wird, zeigt sich, wie treu man seinem selbst gewesen war – nämlich überhaupt nicht. Diese falsche Treue hat nichts von Mitgefühl, Tiefe, Schönheit, Verständnis, Menschlichkeit an sich.

Wahre Treue funktioniert anders. Wahre Treue bedeutet: „Egal, was du angestellt hast, egal, ob du dein Leben versaut hast, ich stehe zu dir, du verrücktes Früchtchen!“

Wahre Treue bedeutet nicht nur zu sich zu stehen, wenn man gerade den Mount Everest bestiegen hat oder seinen unerreichbaren Schwarm doch noch flachlegen konnte, sondern vor allem dann, wenn die Seele in der tiefsten Finsternis wandert, ohne Hilfe und Beistand, ohne Richtung und Sicherheit. Allein.

Doch genau an dieser Stelle beginnen wir, von uns selbst wegzulaufen. Wir beginnen, uns zu verraten, uns zu verbiegen, uns für uns selbst zu entschuldigen. Wenn jemand unsere Unsicherheit oder unser angeknackstes seelisches Befinden kritisiert, sind wir verlegen: „Oh, Gott, es tut mir wirklich wahnsinnig leid, dass ich gerade schlecht drauf bin …“ Wir sind dermaßen erschüttert darüber, dass wir nicht mehr (nach irgendwelchen Normen) „funktionieren“, dass wir lieber die Augen verschließen und uns in der Scham vergraben als zu sagen: „Hey! Was soll der Sch …? Ich bin eben, wie ich bin! Und wer bist du, dass du mich kritisierst?“

Stehst du zu dir selbst? Wenn du dich in dir wohlfühlst, ganz gleich, wie sehr das Leben dich erfreut oder enttäuscht und du ein wahrhaftiges „Ja" zu dir sagen kannst, dann kannst du das Buch getrost verschenken. Du hast es nämlich geschafft. Wenn aber nicht, ist es auch wunderbar, denn dir steht eine Reise bevor, bei der du weder wachsen, noch irgendetwas aufbauen musst. Vielmehr ist Loslassen angesagt. Weniger-werden. Es ist eine leichte Reise und doch die schwerste überhaupt.

Bleibe dir treu.

Die Betonung liegt auf „bleiben". Hier. Jetzt. Denn es geht mir nicht um Selbstliebe, sondern um etwas, was meiner Meinung nach weitaus tiefer, poetischer und schlichtweg entscheidender ist, nämlich Loyalität zu der eigenen Person mit all ihren so genannten Macken und Unzulänglichkeiten. Die Liebe kommt später, erst kommt die Einsicht darüber, dass man ein menschliches Wesen ist und somit eine Menge Sperrmüll mit sich herumträgt. Dieser Sperrmüll, der aus Widersprüchen, Traumatas, Enttäuschungen, Selbstkritik, Zorn, Liebeshunger, unerfüllten Sehnsüchten, usw. besteht, ist ein Teil von uns, ein wichtiger Teil: Dieser Müll macht uns einzigartig.

Wir sind keine Comic-Figuren, die entweder gut oder böse sind. Wir sind beides und gleichzeitig nichts von beidem. Wir springen von einer Hochzeit auf die andere, suchen, hoffen, verzweifeln, geben auf, fangen wieder an … Wir sind Chaos.

Ich bin für die Wahrheit – für die subjektive Wahrheit. Sicherlich ist die Selbstliebe ein wunderbares Ziel, und ich bin in meinem letzten Buch ausführlich auf ihre Wichtigkeit eingegangen, doch letztendlich ist die Selbstliebe ein psychologisch unmögliches Ziel. Ich meine, seien wir mal ehrlich: All die verrückten Gedanken und Gefühle, Bilder und Impulse, Schmerzen und Wünsche, die uns tagtäglich durch den Körper und Geist schießen zu ertragen ist hart, sehr hart sogar - vor allem dann, wenn diese Eindrücke von unangenehmer Natur sind.

Die Wahrheit ist: Wir sind mit uns selbst für immer verheiratet. Für immer. Da gibt es keine Abstelltaste, da kann man nicht einfach Urlaub machen oder aussteigen. Wir sind immer das, was wir sind. Zu verlangen, dieses Chaos zu lieben, ist eine Zumutung.

Mit anderen Worten: Du musst dich nicht lieben. Das ist aber auch nicht das Problem. Das Problem ist das erwähnte Weglaufen. Das menschliche Drama entsteht nicht durch den Mangel an Liebe, sondern durch den Mangel an Treue.

Was bedeutet diese Treue? Zu sich selbst stehen, ganz gleich, was in einem geschieht. Nicht weglaufen, keine Kritik, keine Verbesserungen, keine Vergleiche, ein ganz und gar selbstloses „Ja“ zu all der Sperrigkeit und vor allem Fremdartigkeit. Denn sie ist es, die uns Beine macht. Fremdartigkeit. Der Moment, wo wir erkennen, dass etwas in uns seltsam, anders, vielleicht gar spukhaft ist. Meist bezeichnen wir diese Spukhaftigkeit als „Irgendetwas stimmt nicht mit mir!".

Aber wir irren. Mit uns ist alles in Ordnung. Wir haben lediglich Angst vor dem, was wir in uns erblicken: Ein Gebäude aus Tausenden von Stockwerken, angefüllt mit unzähligen Räumen und Türen, Gängen und Möbelstücken. Es ist manchmal, als betrete man eine Traumlandschaft in der alles verworren und außerweltlich erscheint. Und doch ist alles irgendwie vertraut und hat irgendetwas mit uns zu tun. Jeder von uns ist ein Wolkenkratzer.

Das bedeutet nicht, dass wir jeden Winkel dieses Wolkenkratzers erforschen und verstehen müssen – das führt zu noch mehr Verwirrung. Und ist letztendlich ein Fass ohne Boden.

Verstehe mich bitte nicht falsch, es ist wichtig, gar entscheidend nach innen zu schauen (dieses Buch handelt ja von nichts anderem). Doch es ist wichtig, *wie* du es tust: Mit einem Skalpell oder mit Mitgefühl. Wenn wir nämlich permanent in uns suchen, also bei jedem Pups der in der Außenwelt geschieht, nach innen schauen, senden wir unserem Unterbewusstsein eine fatale Botschaft: „Es ist deine Schuld! Du bist verantwortlich!"

Damit möchte ich nicht sagen, dass wir die Verantwortung ablegen müssen, im Gegenteil, es liegt an uns die Verantwortung für das zu übernehmen, was in uns geschieht. Doch vielleicht liegt es auch an uns, den Größenwahnsinn abzulegen, alles, was draußen passiert, mit uns in Verbindung zu setzen oder überall nach irgendwelchen Zeichen zu suchen. Dies hat nämlich nichts mit der Erschaffung einer neuen Realität zu tun, sondern ist nichts anderes als ein schreiendes Verlangen nach Kontrolle.

Vor etwa acht Jahren war ich regelrecht besessen von Zeichen und suchte überall nach irgendwelchen Botschaften, bis ich die schlimmste Verzweiflung meines Lebens erlebt hatte und erneut dem Selbstmord nahe war. Ich suchte hier und da, hob jeden Stein auf, hörte dem Rauschen meiner Waschmaschine zu, sah dann irgendetwas Lapidares und interpretierte Bände hinein.

Doch da war nichts, denn ich brauchte keine Zeichen oder Botschaften. Dahinter steckte nur die Angst vor dem Handeln, Angst vor dem Leben und abermals das Verlangen nach Kontrolle. „Ich will das Richtige tun …" Es gibt kein richtig oder falsch! Wie denn auch? Alles ist Gott! Gott ist Alles! (dafür liebe ich den verrückten Kerl bzw. das verrückte Weib)

Wir sind nicht hier um Engel zu spielen, die allen vergeben und alles verstehen müssen. Oder hinter die Dinge schauen können müssen. Wir sind auch nicht hier, um klüger oder weiser zu sein als andere „unbewusste" Menschen. „Ich bin spirituell, ich weiß Bescheid, irgendwann bin ich erleuchtet, dann reise ich in der ersten Klasse!" Das ist Arroganz!

Apropos Erleuchtung: Denkst du es wird sich etwas ändern, wenn du erleuchtet bist? In meinen kurzen Satori-Erlebnissen schwebte ich nicht durch die Gegend oder sah hinter die Materie. Das Entscheidende bei meinem Satori war: Die bekloppte Suche hörte auf. Ich erkannte, dass das, was war, der langweilige Alltag, der Regen hinter dem Fenster, das Schreien meiner Kinder, das war, was ich gesucht habe. Ich freute mich darüber, dass es da war. Ich freute mich über die Fähigkeit fühlen zu können, weinen zu können, denken zu können. Ich war frei.

Genauer gesagt: Mein Wesen war frei von mir, denn der zappelige, bettelnde Hanswurst hatte eine kurze Sendepause. Und es tat so gut …

In meinen Augen ist das Leben in erster Linie absurd, voller Widersprüche. Da haben wir auf der einen Seite Liebe, Wärme und auf der anderen Seite haben wir Gewalt, Zerstörung und Unbarmherzigkeit. Und diese Unbarmherzigkeit beziehe ich nicht nur auf den Menschen, sondern insbesondere auf die Natur und auf die Tierwelt.

Denn die Unbarmherzigkeit, die in der Tierwelt herrscht ist beispiellos. Hast du schon mal mit einem kühlen realistischen Blick beobachtet wie die Tiere das Jäger-und-Beute-Spiel spielen? Wie gnadenlos sie dabei sind? Oder wie geradezu pervers die Insekten sich gegenseitig auffressen? Das ist nämlich etwas, was wir Spirituellen nicht so gerne betrachten. Da schauen wir lieber weg.

Wie gesagt, hast du dir schon mal Gedanken über die Kräfte gemacht, die draußen im Weltall herrschen, wie Sterne explodieren und Planeten zerstört oder wieder geboren werden? Peng! Krach! Massive Kräfte ohne Mitgefühl, ohne Gnade und doch voller Liebe, Mitgefühl und Weisheit.

Der liebe Gott weiß schon, was er (sie) tut. Gott ist Liebe.

Doch diese Liebe ist anders, als wir Spirituellen es gerne hätten. Diese Liebe ist absurd. Das Universum ist absurd. Und wir sind ein Teil dieser wunderschönen Absurdität. Das heißt: Jeder von uns ist absurd! Und ich finde diesen Gedanken einfach nur geil! Warum? Weil Absurdität auch anders genannt werden kann, nämlich Kreativität. Und ist Gott nicht das kreativste Ferkel von allen, gar die Kreativität in „Person"?

Wir werden uns selbst niemals wirklich verstehen und kontrollieren können. Das Einzige, was zu tun bleibt, ist nach Innen zu schauen, uns selbst zu spüren und zu sagen:

„Ich habe keine Ahnung, wer oder was du bist, aber ich bleibe dir treu! Denn du bist wunderschön! Auf deine ganz persönliche Weise!"

Das Wunder von Delhi

Eines Tages besuchten Meister Li und sein Schüler Shu die alte Stadt Delhi. In der Nähe des Markplatzes waren wie gewöhnlich unzählige Bettler versammelt, die die Passanten um Geld und Nahrung anflehten. Einer der Bettler war jedoch anders und stach mit seiner ungewöhnlichen Haltung geradezu heraus: Auch wenn seine zerfetzten Lumpen, in die er gekleidet war, einen besonders armseligen Eindruck erweckten, bettelte er nicht, sondern saß gelassen und beinahe entspannt auf dem Boden und schien am Geld oder Nahrung nicht interessiert zu sein. Merkwürdigerweise wurde gerade er mit Spenden überschüttet.

Verblüfft machte der Schüler seinen Meister auf den Bettler aufmerksam: „Meister?“, sagte er, „seht Ihr diesen da? Warum wird er beachtet und die anderen nicht?“

Meister Li schwieg eine Weile und beobachtete den andersartigen Bettler. Dann lächelte er verschmitzt auf und gab seinem neugierigen Schüler die Antwort:

„Die da sind Bettler. Er hingegen ist ein König.“

Vom Bettler zum König

Auch wenn die ältesten spirituellen Schriften, sowie die moderne Wissenschaft der Quantenmechanik davon ausgehen, dass sich die externe Welt mit all ihren Zyklen, Veränderungen, Problemen und Freuden in uns, also in unserem Geist abspielt, kommen wir Menschen nicht umhin, zwischen Innen und Außen zu unterscheiden. Genauer gesagt, verlangt es ein ganzes Stück (spiritueller) Arbeit, um die Außenwelt wenigstens für ein paar Sekunden abzustellen, um zu erkennen, dass es eine innere Welt gibt. Meist sind wir von der Außenwelt derart eingenommen, geradezu paralysiert, dass wir an nichts anderes denken können, als an sie.

Außerdem haben sich viele von uns auf die nicht unkomplizierte Reise nach Innen begeben, um unser Leben zu erleichtern oder wenigstens zu begreifen, was mit uns eigentlich los ist. Mittlerweile haben sich unzählige Gruppen und eine sehr vielseitige Industrie gebildet, mit unzähligen Methoden und Regelwerken.

Da ich mich schon seit einer kleinen Ewigkeit in der „Szene“ bewege und jahrelang als spirituell-psychologischer Begleiter und EFT-Coach arbeite, muss ich allerdings feststellen, dass nur die Wenigsten mit dieser Reise tatsächlich zufrieden sind bzw. fündig wurden. Trotz massiver Erkenntnisse und gewisser Erfahrungen, entstand in vielen Fällen eine noch größere Verwirrung und Depression (was ich als eine erfolgreiche und sogar notwendige spirituelle Entwicklung bezeichne).

Mit anderen Worten: Ganz gleich, wie viele Seminare oder Satsangs wir aufgesucht haben, ganz gleich, wie viele Ratgeber wir inhaliert haben und ganz gleich, wie viel Geld wir gescheffelt haben, der Außenwelt zu trotzen, sie ihrer Bedeutung zu berauben und Frieden zu finden, bleibt weiterhin eine Kunst. Warum?

Weil sie uns als unendlich wichtig erscheint.

Die Welt ist in uns – ist sie das wirklich? Wenn die alten Brahmanen ihren verblüfften Schülern sagten, die Welt sei in Ihnen und nicht „da draußen", hatten sie Recht. Warum? Die Welt ist Wahrnehmung. Die Welt ist eine Symbiose aus Bildern, Gerüchen, Geräuschen und Gefühlen. All diese Empfindungen sind jedoch nicht „da draußen", sondern in uns, in unserem Geist. Die Welt ist Wahrnehmung. Wo findet diese Wahrnehmung statt? In uns.

Du kannst diese Worte gleich überprüfen: Schau dich jetzt bitte um. Um dich herum siehst du wahrscheinlich Möbelstücke oder Gebäude, Bäume oder Menschen, womöglich hörst du Musik, das Lied eines Vogels oder das rhythmische Ticken einer Uhr. Mit anderen Worten: Vor dir erstreckt sich gewissermaßen ein sehr lebhaftes Bild, eine Art Film. Die Frage ist: Wo befindet sich dieser Film?

In deinem Kopf. In deinem Geist. In dir.

Stell dir vor, du wärst blind, taub und spür-los, woher würdest du wissen, dass die Welt überhaupt existiert? Gar nicht. Ohne Wahrnehmung gibt es auch keine Welt. Deswegen würde ein buddhistischer Mönch sagen, dass die Welt eine Illusion ist, ein Gespinst – ein Hirngespinst.

Man könnte diesen Sachverhalt auch anders, gar herausfordernder umschreiben: Die Welt, mit all ihren Zyklen, Veränderungen, Problemen und Freuden ist an sich völlig bedeutungslos. Die Welt ist ein Traum. Sicherlich ist ein Traum vollgespickt mit Symbolen und Metaphern. Man kann in einem Traum so einiges anstellen, auch verletzt werden, sogar sterben. Doch die Wahrheit ist die: Es geht nicht um den Traum. Es geht um den Träumer. Ohne den Träumer gibt es keinen Traum. Ohne dich, gibt es auch keine Welt.

Wir wollen, dass alles einen Sinn hat. Und wenn einer daher kommt und sagt, dass die Welt an sich völlig bedeutungslos ist, mögen wir das nicht. Wir mögen Ziele und Bedeutung. Wir wollen wissen, wohin die Reise geht und erwarten eine bombastische Belohnung für unseren müßigen Weg.

Aber die Welt ist in ihrem quantenmechanischen Kern leer und daher völlig sinnfrei. Unser kleiner Verstand benötigt Erklärungen, das Universum jedoch ist komplexer als jede Erklärung und nichts ist sinnvoller als Sinn-Freiheit. In einer Welt ohne Bedeutung ist alles möglich. In einer Welt ohne Bedeutung ist auch das Phänomen Leiden zum größten Teil hinfällig. Denn Leiden entsteht in neun von zehn Fällen durch übertriebene Ernsthaftigkeit.

Wir leiden, weil uns etwas zu wichtig ist. Wir leiden an der Welt, weil wir sie zu ernst und zu wichtig nehmen. Doch seien wir mal ehrlich: Wie soll es auch anders sein? Die Welt scheint von uns eine Menge zu verlangen: Wir müssen überleben, arbeiten, soziale Kontakte pflegen, Kinder erziehen, uns behaupten, einen Status haben, männlich sein, weiblich sein, stark sein, erfolgreich, gescheit, beliebt, klug, attraktiv, usw.

Daher empfinden nicht Wenige von uns die Welt als grausam und kalt, nicht Wenige haben Schreckliches ertragen müssen und nicht Wenige befinden sich in diesem Augenblick in tiefster Ohnmacht, massivster Unzufriedenheit oder haben einfach nur Angst. Der Buddhismus geht in diesem Punkt sogar einen Schritt weiter und bezeichnet die Welt, also das Leben in der Welt, als Leid – wir leiden, und wir sterben.

Die Welt bzw. die Gesellschaft scheinen uns zu sagen: „Du bist ein Mangelwesen. Du brauchst Sicherheit, Anerkennung, Aufmerksamkeit, Geld und Zuneigung. Tue was! Verdiene es dir. Es ist verdammt wichtig, dass du es schaffst!“

So wundert es nicht, dass wir irgendwann unsere Hand ausstrecken und beginnen … zu betteln. Das Wort Betteln mag an dieser Stelle abwertend klingen, ist es aber nicht – es ist nur ehrlich. Betteln ist ja nichts anderes als eine andere Form des Bittens. Gemeint sind natürlich nicht die Alltagsbitten wie „Schatz? Kannst du bitte den Mühl rausbringen?“ oder „Junger Mann, zieh bitte sofort deine Jacke an!“, sondern die intimen, seelischen Bitten, die wir permanent an unsere Lebenspartner, Kinder, Freunde, Mitarbeiter, Chefs, Nachbarn und natürlich Gott richten: „Mache mich glücklich, gib mir Sicherheit, mache mich stolz, erkenne meine Arbeit an, enttäusche mich nicht, erleuchte mich!“

Wir bitten um Liebe, um Sicherheit, um Anerkennung, um Glück. Diesbezüglich gibt es zwei Gruppen von Bettlern: Die, die „es“ sich nehmen und die, die es nicht können. Es spielt allerdings keine Rolle, welchen Weg man zu gehen vermag, keiner von beiden macht wirklich satt – oder glücklich.

Ich finde, dass das Fernsehen in diesem Punkt einen wundervollen Spiegel darstellt: Was tun wir nicht alles für ein wenig Gesehen-werden, für ein wenig Anerkennung, Kontrolle, Macht, Berühmtheit und natürlich Geld? Zwar wirkt im Fernsehen so manches als Leidenschaft, Natürlichkeit oder politische Korrektheit, doch in den meisten Fällen hat man doch den Eindruck, dass hier etwas nicht stimmt. Hinter dem lieblichen Lächeln erkennt man einen klugen oder verzweifelten Strategen, der um etwas ihm sehr Wichtiges buhlt.

Wahrscheinlich denkst du gerade: „So funktioniert nun mal die Welt!“ Du hast absolut Recht. So funktioniert die Welt. Daher ist keines meiner Worte als Kritik oder Schelte gedacht. Ich selbst bin Ehemann, Vater und muss für mein Geld hart arbeiten. Wir alle sind Bettler. In unserer materiellen Welt aus Grenzen geht es auch nicht anders: Wir alle brauchen zwischendurch Streicheleinheiten, ein Wort der Zuneigung hier und da, ein Geschenk aus heiterem Himmel, eine Einladung zum Essen oder einen Quickie auf der Discotoilette.

Sicherlich kannst du dich zurückziehen und auf einem einsamen Berg leben. Aber es wäre eine Flucht. Die wahre Spiritualität, die wahre Königlichkeit erwacht, wenn man mittendrin ist, mitten im Leben, mitten im Familienchaos, mitten im bedrückenden Arbeitsklima – mitten im Betteln sozusagen. Erst, wenn wir die Bettlerrolle lange genug gespielt und sie satt haben, beginnen wir uns umzusehen und nach einer neuen Wahrheit zu suchen. Wir fragen uns dann: „Soll es etwa so weitergehen? Macht mich das glücklich?"

Das ist der Augenblick, wo wir den ersten Schritt Richtung innerer Königlichkeit tun: Zum ersten Mal in unseren Leben stehen wir zu uns selbst. Zum ersten Mal bleiben wir uns treu. Doch wie beginnt diese Treue? Mit einem „Ja" zu all dem, was wir in uns spüren.

In diesem Sinne: Wie gehst du mit deiner Angst um? Oder mit deiner Wut? Oder Verzweiflung? Läufst du davon? Schämst du dich? Sind diese Gefühle in dir willkommen?

Ich finde jeder von uns sollte sich selbst gestatten, ein Mal in der Woche entweder so richtig auszurasten (und dabei ein Kissen zu zerfleischen) oder in der Fötusstellung vor Angst zu schlottern. Und warum? Weil uns manchmal einfach danach ist – weil es manchmal unsere ganz intime Wahrheit ist.

Die Welt mag in uns sein, doch wir dürfen uns nicht dafür verurteilen, wenn uns gewisse Dinge über den Kopf wachsen. Obgleich wir immer wieder versuchen, dem Leben liebevoller und mit Toleranz zu begegnen, bewusster zu werden und spirituell zu wachsen, kommt das Leben nicht umhin, uns mehr herauszufordern, als wir in der Lage sind zu ertragen. Wenn wir besonders spirituell sind, gehen wir sofort davon aus, dass hinter jedem Schrott irgendeine Lektion verborgen ist, die uns zu mehr Liebe verhelfen soll. Das mag sein.

Doch Liebe ist nicht immer die Lösung. Manchmal ist einfach nur unsere Menschlichkeit gefragt.

Schließlich ist das Leben nicht selten wie die griechische Hydra: Wir lösen ein Problem, doch dann entstehen zehn neue! Und anstatt Leichtigkeit zu erhalten oder uns mehr Luft zu verschaffen, wird es noch schwieriger. Gerade in solchen Momenten ist die Selbsttreue und nicht irgendeine spirituelle Disziplin gefragt, sprich: Zu den eigenen Gefühlen stehen und sich erlauben sie spüren.

Ich meine ist es nicht zum Ausflippen, wenn du beispielsweise deine Autoreifen wechselst und bei der allerletzten Schraube der Schlüssel den Geist aufgibt? Und du nach ausgedehnten Recherchen feststellen musst, dass alle Schlüssel in deiner Nachbarschaft Fünfzehner sind, du aber den Sechszehner brauchst? Es ist Sonntag, alle Geschäfte sind geschlossen, am nächsten Tag musst du zur Arbeit, hattest eigentlich was anderes vor ... stattdessen läufst du stundenlang wie ein aufgescheuchtes Huhn durch die Gegend, probierst alle Werkzeuge aus, die du im Haus hast … ich meine, verdammt, die Aktion war so gut wie beendet, nur noch eine Schraube, muss ausgerechnet jetzt das verfluchte Ding brechen?

So etwas kann man natürlich ganz easy mit Humor nehmen und über die ganze Situation einfach lachen. Doch ist es zu verdenken, wenn das innere Ach-nimm's-nicht-so-schwer-Männchen gerade auf Mallorca ist und stattdessen der angepflaumte, verregnete Miesepeter sich zu Wort meldet?

Die Wahrheit ist: Das Leben ist manchmal zum Genervt-sein! Oder zum Heulen oder Ausflippen. Diejenigen unter uns, die Eltern sind, wissen genau, was ich meine, denn nichts bringt das Gesagte mehr auf den Punkt als die Beziehung zu den eigenen Kindern.

Denn trotz unserer zärtlichen Liebe und unseres immensen Wohlwollens zu ihnen, trotz der Tatsache, dass Kinder einfach das Größte, Wundervollste und Fantastischste auf der Welt sind, kommen wir nicht umhin, regelmäßig (gar täglich) einen kleinen bzw. großen Nervenzusammenbruch zu erleiden.

Vor allem dann, wenn die Kleinen mit einer geradezu magischen Leichtigkeit und Schnelligkeit die Wohnung auf den Kopf stellen, alle Geräte im Haus außer Kraft setzen, irgendwelche wichtigen Unterlagen zerreißen (die man für eine Sekunde abgelegt hat), nicht aufhören zu reden, nicht aufhören zu schreien, nicht aufhören zu fragen, nicht wissen, was sie wollen, wissen genau, was sie wollen, es aber nicht wollen …

Da gibt es eben Tage, wo man das Gefühl hat, eine läutende Kirchenglocke zwischen den Ohren zu haben, besonders dann, wenn noch zusätzlich Geldsorgen oder der Partner oder der Termin beim Anwalt oder beim Mieterbund oder die lärmenden Nachbarn an einem sägen und einem nichts anderes übrig bleibt, als all seine Gefühle in ein kraftvolles, aber sauehrliches „Fuck!“ zu versammeln.

Und natürlich ist immer irgendeine altkluge Eule in der Nähe, die einen dabei augenblicklich belächelt und kritisiert, mit den Augen rollt und einem sagt, man müsse sich besser kontrollieren. Spannend ist ja, dass die gleiche Person in der gleichen Situation genauso, wenn nicht gar heftiger reagiert und sich sofort beleidigt fühlt, wenn man sie darauf hinweist.

Das ist für mich das Hauptelend der westlichen Welt: Jeder möchte sich verbal behaupten, sich besonders stilvoll, politisch korrekt oder provokant ausdrücken, doch nur die wenigen wollen wirklich anpacken und mit dem Herzen berühren. Zynismus oder Sarkasmus mögen Spaß machen, doch sie haben nichts Kreatives oder Lebendiges an sich.

Wir alle wollen bedingungslos geliebt werden, sprich: Mit unseren Ecken und Kanten akzeptiert werden. Letztendlich betteln wir um Erlaubnis, das zu fühlen, was wir fühlen. Wir betteln um einen Raum, in dem wir so akzeptiert sind, wie wir sind.

Die innere Königlichkeit beginnt mit der Erkenntnis, dass wir diesen Raum nicht brauchen und gleichzeitig dieser Raum bereits sind. Wir müssen uns selbst mit all unseren Ecken und Kanten voll und ganz, von hinten bis vorne akzeptieren und abknutschen.

Klingt nach harter Arbeit oder? Oder höre ich dich sagen: „Das wusste ich doch schon, Mann, wie kann ich das ganze Zeug endlich umsetzen?"

Gar nicht.

Akzeptanz ist keine Aktivität, sie ist kein Handeln oder irgendeine mentale Strategie. Vielmehr ist Akzeptanz ein Aufgeben. Wovon?

Gefangen im Sarg

Jetzt wird's gruselig. Stell dir bitte folgendes Szenario vor: Du liegst in deinem Bett und schläfst. Um dich herum ist alles friedlich, gemütlich, still.

Ganz unverhofft erwachst du und erkennst um dich herum pure Finsternis, pechschwarze stoffliche Dunkelheit. Beunruhigt möchtest du aufstehen, um das Licht anzumachen und böse Geister zu vertreiben. Doch da passiert etwas Merkwürdiges: Deine Glieder stoßen ganz unverhofft auf massive Hindernisse. Fest, dumpf, irgendwie hohl. Du tastest deine Umgebung ab, erahnst bereits das Unheil und erkennst schließlich voller Entsetzen, dass du dich in einem Sarg befindest.

Was sogleich in dir geschieht, lässt sich natürlich nicht in Worte fassen. Was ist schon furchtbarer und grauenhafter als diese Situation, die wohl für die meisten von uns als der absolute Alptraum gelten würde? Gefangen zu sein. Eingesperrt. Vergessen.

Was steigt in dir hoch? Panik, Angst, Verzweiflung, Hilflosigkeit, womöglich Rage, Empörung, aber in erster Linie der Versuch etwas zu verändern – der Schrei nach Freiheit, nach Erlösung. Doch egal, was du tust, egal, wie sehr du dich auch anstrengst, egal, wie sehr du suchst – du findest keinen Weg heraus. Sodann erkennst du, dass du allein bist, dass dir niemand helfen wird, dass niemand dein Flehen erhören wird. Der Sarg, die Finsternis, die Stille scheinen sich nicht für dein Leiden zu interessieren.

Du bist ganz allein. Was tun? Was kannst du tun, um dem Wahnsinn zu entkommen, der sich ganz langsam in deinem Geist ausbreitet? Was kannst du tun, um die nächsten Minuten, Stunden ertragen zu können? Beten? Hoffen? Die Situation schön reden? Was ist der Königsweg zum Frieden? Zum wahren tiefen Frieden?

Lass mich bitte diese Fragen mit ein paar Gegenfragen beantworten: Warum empfinden wir den Schlaf als so entspannend? Warum heilen unsere Krankheiten oder sogar seelische Wunden, wenn wir schlafen? Warum fühlen wir uns nach dem Schlaf so erfrischt und wie neugeboren? Weil wir im Schlaf Hier und Jetzt sind. Weil wir keinen Wünschen hinterherlaufen.

In der Betrachtung des Schlafes erkennen wir etwas sehr Interessantes und Gewichtiges: Wir brauchen nicht wirklich viel.

An dieser Stelle könnte man gar von der Weisheit des Schlafes sprechen: Wenn wir schlafen, brauchen wir keine Liebe, keine Hoffnung, keine Kontrolle, weder Macht, noch Lob, noch Anerkennung – eigentlich so gut wie gar nichts. Alles, was wir wirklich brauchen, ist ein Raum, ein wenig Licht, ein wenig Dunkelheit, Sauerstoff und ein wenig Nahrung und Wasser. Das war‘s.

Darum sind die Menschen in der so genannten Dritten Welt meist viel gesünder, jedenfalls auf der seelischen Ebene, als wir in der westlichen Welt. Sie haben einfach weniger Wünsche und sind zufriedener mit dem, was sie haben, mit dem, was sie *sind.*

Aus diesem Grund habe ich das unheimliche Gleichnis mit dem Sarg verwendet, das dich keineswegs verstören sollte, sondern vielmehr auf den entscheidenden Aspekt der inneren Selbstbetrachtung hinweisen sollte: Warum leide ich? Weil ich etwas will. Oder: Weil ich etwas *zu sehr* will.

In diesem Sinne möchte ich eine weitere Frage in den Raum stellen – eine wichtige Frage, wahrscheinlich die wichtigste, wenn es um die Wunsch-Leid-Selbstbetrachtung geht. Wenn du jetzt leidest oder dich für einen Moment an eine leidvolle Zeit erinnerst, so weißt du, wie die Natur der Schmerzen ist bzw. uns erscheint: Wir haben den Eindruck, von einer fremden inneren Macht gewissermaßen misshandelt zu werden. Als würde uns Irgendjemand oder Irgendetwas von Innen aufspießen, und wir könnten nichts anderes tun, als abzuwarten, bis der Schmerz abklingt. Dies stimmt allerdings nur bedingt.

Genau hier stelle ich die besagte Frage – stelle bitte diese Frage dir selbst:

Warum tue ich das?

Warte einen Moment und höre hin. Höre einfach nur zu. Und dann frage dich erneut: „Verdammt, warum tue ich das? Warum tue ich mir weh?" Denn es ist wahr. Du tust es, nicht die Welt, nicht dein Partner, nicht die unbezahlte Rechnung. Dies soll nicht als eine Entschuldigung für die bisweilen unbeschreibliche Perversion der Welt, in der wir leben, dienen. Es ist auch keine Entschuldigung dafür, wenn dein Partner nicht zu dir steht oder dich gar betrügt, doch es bist immer Du, der das eigentliche, *innere* Leiden auslöst.

Denn das Leiden ist in dir. Niemand kommt mit einer Spritze daher und verpasst dir eine Portion Liebeskummer oder Todesangst. Du tust etwas in dir – du löst dein Leiden aus.

Die Frage ist eben, warum du das tust?

Unser mental-emotional-physikalisches System ist wie der Name schon sagt ein System. In einem System hat alles eine Bedeutung, nichts geschieht willkürlich oder gar zufällig. Wir sind nicht zufällig verängstigt oder zufällig wütend. Es gibt immer einen Grund.

Sicherlich denkst du jetzt: „Klar gibt es einen Grund. Wenn mich irgendjemand doof anmacht, werde ich eben sauer!" Doch mit dem Grund meine ich keineswegs einen externen Grund, wie einen cholerischen Chef oder eine eifersüchtige Ehefrau, sondern einen internen Grund. Meist haben wir nämlich den Eindruck, dass wir auf unsere Umwelt reagieren. Dem ist aber nicht so.

Wir agieren ganz und gar. Wir agieren sogar viel mehr als es uns bewusst ist. Genauer gesagt, etwas in uns agiert, ohne dass wir es wirklich merken. Und ganz besonders in den Augenblicken unserer größten Tiefpunkte, wenn das Angst-Wut-Schwäche-Spiel seinen Höhepunkt erreicht, und wir in unserem Schmerz geradezu ertrinken, besonders dann, ist dieses Etwas aktiv – *zielbewusst* aktiv. Alles, was wir tun, tun wir, um irgendetwas zu bekommen. Wir tun nichts einfach so.

Mit anderen Worten: Wir leiden, weil wir uns gewissermaßen davon etwas versprechen. Wir leiden, weil wir in Wahrheit nach einem Weg suchen, ein intimes Verlangen zu stillen. Das Leiden ist eine Wunschverwirklichungs-Strategie – was sich natürlich absolut irre und sogar gefährlich anhören mag. Doch es gibt genug Menschen unter uns, die derart einsam und unglücklich sind, dass ihr Weg, ein wenig Beachtung oder gar Liebe zu bekommen, nur darin liegt, eben zu erkranken, also die Krankheit als einer Art Vehikel zu benutzen.

Ich meine, wir alle kennen noch die Tage aus der Kindheit oder Schulzeit, wo wir erkrankt im Bett blieben und unsere Mutter oder Großmutter sich um uns kümmerte. So etwas vergisst man nicht. So etwas vergisst *unser Gehirn* nicht.

Da ganz besonders unser Verstand darauf ausgerichtet ist, von Punkt A zu Punkt B zu gelangen (genauer gesagt ist es seine wichtigste Aufgabe), spielt er die entscheidende Rolle bei der ganzen

Wunschverwirklichungs-Angelegenheit. Wenn ein Wunsch sich erhebt, beginnt unser mentaler Oktopus zu arbeiten. Jeder Gedanke ist wie eines seiner Tentakel, den er in alle Richtungen austreckt, auf der Suche nach einer Lösung.

Doch was passiert, wenn keine Lösung zufriedenstellend ist? Oder erreichbar? Oder überhaupt möglich? Was geschieht, wenn es keine Lösung gibt, weil der Wunsch schlichtweg absurd und nicht realisierbar ist? Der Oktopus dreht durch. Und sogleich beginnt das Drama, in dem all die stacheligen Gefühle wie Angst, Wut, Depressionen geweckt werden, um der Welt den Krieg zu erklären: „Wenn ich B nicht erreichen kann, muss ich A entweder manipulieren oder kontrollieren oder unterwerfen oder verändern oder … zerstören".

Du kennst sicherlich diesen Zustand. Jeder hat ihn das eine oder andere Mal erlebt, ich würde sogar sagen, dass die meisten von uns ihn jeden Tag aufs Neue erleben. Diesen Kampf um das „B". Wie zum Teufel erreiche ich das verfluchte „B"?

Möchtest du meine Meinung dazu hören?

Gar nicht. Sch … auf „B". Tue, was du tun kannst und überlasse den Rest dem Universum.

Ich höre dich schon sagen: „Ach nee, auf diese Buddhisten-Kacke habe ich keinen Bock. Soll ich meine Wünsche aufgeben?" Nein, du kannst deine Wünsche nicht aufgeben, sie sind ein Teil von dir. Es muss dir aber bewusst sein, dass in neun von zehn Fällen einer seelischen oder körperlichen Erkrankung die Wünsche die Übeltäter sind: Wir wollen etwas und zwar so sehr, dass unser gesamtes System nicht selten einen Totalschaden erleidet.

Es gibt eine sehr interessante Tatsache über die Wünsche, die ich dir an dieser Stelle mitteilen möchte – und die wird dir nicht gefallen: Die Natur der Sehnsucht ist, sich zu sehnen. Und nicht Etwas zu haben.

Mit anderen Worten: Du kannst deine Wünsche nicht wirklich stillen, weil sie nicht gestillt werden wollen. Deswegen fühlen wir uns anfangs beschwingt und dann doch leer, wenn wir etwas, was wir schon immer kaufen wollten, endlich erwerben. Deswegen fühlen wir uns anfangs beschwingt und dann doch leer, wenn wir den Partner wechseln oder den Job oder die Stadt.

Sicherlich gibt es Ausnahmen, wo eine Veränderung unbedingt stattfinden musste, doch ich rede hier nicht von Sonderfällen, sondern von unserem alltäglichen Sehnen nach „B“: „Ich will respektiert werden, ich will geliebt werden, ich will erfolgreich sein, ich will der Beste sein, ich will immer alles richtig machen …“

Sobald sich einer dieser Wünsche manifestiert, fühlen wir uns zunächst gut und dann irgendwie geknickt. Irgendetwas fehlt. Es ist nicht genug.

Was würde also passieren, wenn „B" wegfallen würde? Etwas würde zusammenbrechen: Die Notwendigkeit zu suchen und damit zu leiden. Doch wir alle sind weit davon entfernt und müssen besonders diesen Teil unseres Wesens verstehen und natürlich akzeptieren. In jedem von uns gibt es sozusagen ein schwarzes, unersättliches Loch. Es ist da. Fertig. Wir können es nicht bekämpfen oder wegmeditieren. Solange wir die materielle Welt berühren, ist es aktiv.

Mit anderen Worten: Warum leiden wir? Weil wir „B" noch nicht erreicht haben. Warum haben wir Angst? Weil wir nicht wissen, ob wir „B" überhaupt je erreichen können. Warum werden wir wütend? Weil man uns „B" verweigert. Warum werden wir depressiv? Weil wir „B" nicht bekommen haben oder können.

Und wann hört der Schrecken auf? Wenn wir „B" loslassen, was, wie gesagt, nicht wirklich möglich ist. Diese unsere Seite hat etwas tragisch-schönes an sich: Wir laufen ständig Dingen hinterher. Manche bekommen wir zu fassen, die meisten nicht. In beiden Fällen werden wir unser Glück nicht finden. Es ist ein verrücktes Spiel. Sobald wir dieses Spiel aber zu ernst und zu wichtig nehmen, beginnen wir zu leiden.

Wir befinden uns, soweit es jedenfalls die Spiritualität angeht, in einem „Wünsch-dir-was"-Zeitalter, was ich gut finde, da wir immer mehr mit dem Universum in Kontakt treten. Als Coach begegne ich allerdings immer mehr der Schattenseite dieser Bewegung: Was geschieht mit bzw. in uns, wenn der Wunsch nicht in Erfüllung geht?

Denn es gibt Fälle, wo die unerfüllte Sehnsucht eine menschliche Seele geradezu in den Abgrund treibt. Es ist nämlich verdammt schwer sich anzunehmen und zu sich selbst zu stehen oder überhaupt entspannt weiterzuleben, wenn das Ersehnte sich nicht zeigt. In solchen Fällen beginnen die Menschen massiv an sich selbst zu zweifeln und (selbst)zerstörerische Züge anzunehmen.

Ich habe nichts gegen Wunscherfüllung, im Gegenteil, ich praktiziere sie ebenfalls: Sich ein Ziel setzen und daran arbeiten, es zu erreichen. Offen bleiben, Möglichkeiten und Chancen wahrnehmen. Entscheidungen treffen. Und vor allem Loslassen. Ich finde, dass dieser Prozess mit Freude und mit Herzenslust einhergehen sollte.

Der Wunsch darf einen nicht beherrschen.

Dies geschieht jedoch nur zu oft, so dass das gesamte Dasein auf eine ganz spezielle Sehnsucht ausgerichtet und reduziert wird. Alles andere wird ausgeblendet und nicht selten feindselig bekämpft. Meistens bekämpfen wir dabei uns selbst, genauer gesagt unsere vielseitigen Gefühle und Regungen.

Denn die „Wünsch-dir-was"-Philosophie erlaubt es uns nicht, sich schlecht zu fühlen oder Angst zu haben oder wütend zu werden, da wir sonst die

„positive“ Energie stören und den Wunsch verderben. Gerade das erscheint mir als sehr gefährlich und sogar feindselig.

Welches Glück dieser Welt ist es wert, dass wir uns selbst seinetwegen betrügen und verstellen müssen? Und kann es überhaupt wahrhaftiges, echtes, gar *göttliches* Glück sein, wenn es irgendwelche Forderungen stellt?

Genau hier berühren wir den Kern unseres Leidens. Wir leiden, weil uns Dinge zu wichtig geworden sind.

Wir nehmen unsere Wünsche zu ernst. Und uns selbst.

Zu wichtig

Vor einiger Zeit habe ich mir spät abends aus reiner Langeweile eine englische Dokumentation in Originalsprache angeschaut. Es handelte sich dabei um eine medizinische Studie bezüglich … ehrlich gesagt, ich weiß nicht mehr, worum es ging. Was mir allerdings hängen blieb, waren zwei Worte, die innerhalb eines kurzen Zeitintervalls ausgesprochen wurden. Die Worte wurden in keinem gemeinsamen Kontext verwendet und hatten an sich nichts miteinander zu tun. Nur wurde mir etwas bewusst, als ich sie nebeneinander stellte.

Das erste Wort lautete „important", also „wichtig". Das zweite Wort war „impotent", also „impotent". Ich fand es sehr bemerkenswert, wie nah diese Worte bei einander lagen und wie ähnlich sie klangen, obwohl sie nicht mit einander verwandt waren. Sprich doch mal aus: „Important … impotent …" Klingt doch fast gleich oder? Nur die Betonung ist anders.

So entstand eine sehr interessante Formel bzw. Erkenntnis: Important = Impotent.

Wichtig = Impotent.

Wenn uns irgendetwas zu wichtig wird, wenn wir zu verkrampft, zu verbohrt, zu fixiert auf eine Sache sind, werden wir psychologisch und körperlich impotent. Zu viel Wichtigkeit erzeugt Angst, Stress und Verkrampfung. Wenn die Wichtigkeit aber unaufhörlich ansteigt, können die Folgen verheerend sein: Panikattacken, körperliche und seelische Krankheiten, sogar Wahnzustände und Psychosen. Wir werden menschlich impotent.

Impotenz verwende ich hier natürlich als ein Symbol für massive Entkräftung und nicht für ein männliches Gebrechen, obwohl auch die Impotenz durch eine übersteuerte Wichtigkeit eintreten kann.

Zu wichtig. Zu wichtig, geliebt zu werden. Zu wichtig, verstanden zu werden. Zu wichtig, erfolgreich zu sein. Zu wichtig, wohlhabend zu sein. Zu wichtig, die Kontrolle über das eigene Leben zu behalten.

Es ist verständlich, dass uns gewisse Dinge wichtig erscheinen. Ich meine, wenn wir auf unser Konto schauen und entdecken, dass wir unser Dispolimit längst überschritten haben, ist es völlig normal, durchzudrehen und Existenzängste zu verspüren.

Andererseits: Solange uns niemand unsere Wohnung wegnimmt oder auf uns schießt, gibt es keinen Grund auszuflippen und in der Angst zu ertrinken. Wahrscheinlich denkst du „Spinnst du? Wie zum Geier soll man da ruhig bleiben?" Ich verstehe dich absolut, denn ich war selbst des Öfteren in solch einer Situation und weiß noch ganz genau, was ich da so gefühlt habe (und immer noch fühle, wenn das Geld zu knapp wird).

Aber lass uns die Sache mal pragmatisch, nüchtern betrachten. Warum haben wir Angst, wenn unsere Geld- oder Liebesangelegenheiten in Argen liegen? Warum werden wir dabei panisch und drehen am Rad?

Es ist uns zu wichtig, dass es *anders* ist.

Die Traumwelt gibt uns diesbezüglich ein fantastisches Symbol: Wenn wir von Ungeheuern verfolgt werden und zu laufen beginnen, stellen wir fest, dass wir nicht laufen können. Du kennst sicherlich dieses sonderbare Gefühl, wenn deine Beine seltsam bleiern werden, und du irgendwie auf der Stelle rennst. Ich selbst habe in meiner Kindheit des Öfteren solche Alpträume gehabt und weglaufen wollen, aber ich konnte es nicht.

Irgendwann blieb ich aus reiner Verzweiflung einfach stehen und drehte mich um, um zu erkennen, dass da nichts war. Es war alles gut. Keine Monster, keine Ungeheuer, sondern nur ein Raum und Stille.

Du kannst vor dem, was ist, nicht weglaufen. Durch den Versuch, wegzulaufen, wird die Sache dämonisiert und verschlimmert. Es wird zu wichtig, ihr zu entkommen. Es wird zu wichtig, sie zu verändern. Wenn du aber auf dein Konto schaust, ein kilometerlanges Minus siehst und ein ehrliches und genüssliches „Ach, Sch … drauf!“ aussprichst, geht es dir besser – es geht dir nicht besser, weil sich irgendetwas verändert hat, sondern weil du diese unangenehme Angelegenheit einfach nicht mehr so ernst nimmst.

Und diese Einstellung hat Folgen: Erst jetzt bist du in der Lage, irgendetwas tatsächlich zu verändern. Entspannt. Dabei darfst du diese Entspannung nicht unterschätzen. Sie ist hochgradig wirksam. Vor allem unser Gehirn kann am besten Dinge lösen, wenn es entspannt ist.

Entspannung ist auch unsere wahre Natur. Es gibt nämlich etwas in uns, das beständig ist, etwas, was wir nicht erreichen müssen, nicht verdienen müssen, nicht aufrechterhalten müssen. Etwas in uns ist sozusagen Gottgegeben und daher immer da. Allerdings erscheint es uns stets als zu wenig, sogar langweilig und nicht unbedingt erstrebenswert.

Frieden.

Kein politischer Frieden oder ein erzwungener Frieden, sondern ein natürlicher Frieden, der keinerlei mentaler Anstrengungen verlangt. Es ist auch kein Frieden, der uns dazu zwingt, permanent im Lotus-Sitz zu verweilen und mit spirituellen Weisheiten um sich zu schmeißen.

Der wahre Frieden ist nämlich keineswegs still oder erhaben. Er ist auch nicht friedlich oder höfflich, sondern eine lebendige Energie voll Kreativität und Kraft, die sanft, aber auch wuchtig sein kann. Eine Energie, die unentwegt ihre Form verändert und gleichzeitig absolut formlos bleibt – still und doch ständig in Bewegung, wie das Universum selbst.

Diese Energie ist die Energie unseres Herzens. Permanente Kreativität. Permanente Schöpfung. Das wahre Glück entsteht, wenn wir diese Energie annehmen und ihr folgen – wenn wir aus dem Herzen heraus handeln.

Und Geben.

Die wahre Freude

Ich hatte mal einen für mich sehr wichtigen Traum bzw. Alptraum: Ich träumte, ich wäre bereits alt und läge im Sterbebett. Ich fühlte regelrecht, dass ich nur noch wenig Zeit übrig habe. Da spürte ich diese eine Reue, die man solchen Situationen nachsagt – die Reue, etwas nicht getan zu haben. Ich dachte nämlich keineswegs an Dinge, die ich nicht bekommen habe, sei es Lob oder Anerkennung, sondern an Dinge, die ich in diesem Leben ausdrücken, erschaffen wollte, es aber nicht getan habe.

Dieses Gefühl, diese Reue war derart unerträglich und endgültig, dass ich die nächsten Tage nur noch neben mir stand und zu nichts in der Lage war.

Wir sind handelnde Wesen und wollen tun. Unser Herz möchte geben, es möchte tanzen, singen, erfahren, berühren, in das Unbekannte springen, erschaffen – der ganze kitschige Kram eben, den wir so gerne belächeln und uns gleichzeitig danach verzehren. Unser Herz möchte geben, es möchte lieben.

Und ist nicht Liebe eine tiefe, gebende Zuneigung einem Menschen oder einer Sache gegenüber? Hingabe? Hin-geben?

Sich selbst einer Sache *geben*?

Es gibt unzählige Themen bei denen man sagen könnte, sie wären der Kanon der psychologischen bzw. spirituellen Selbsterforschung: Sex beispielsweise oder Geld oder Macht scheinen uns alle zu beschäftigen und sind mit enormen Komplikationen verbunden, die von Therapeuten oder Heilern behandelt werden. Im Verlaufe meiner Arbeit mit anderen Menschen bin ich allerdings zu dem Entschluss gekommen, dass letztendlich alle seelischen Störungen ob Depressionen oder Angstzustände stets in der gleichen Sache münden: In der Unfähigkeit oder dem inneren Verbot, zu *geben.*

Durch Erziehung, soziale Konflikte und auch Medien haben wir gelernt, das, was wir geben wollen, zu kritisieren, permanent zu verbessern und letztendlich doch in uns einzusperren. Doch wenn es um die Selbsttreue oder Selbstliebe geht, ist das Geben der entscheidende Faktor. Warum?

Zu sich zu stehen bedeutet: Sich selbst *sich selbst* geben.

Abermals durch Erziehung, aber auch durch Medien haben wir einen falschen Eindruck von diesem Tun bekommen. Für die meisten von uns ist das Tun verbunden mit Zwang oder Pflicht, gleichgesetzt mit dem ungeschriebenen Gesetz „Müssen“: Geldverdienen-müssen, Aufräumen-müssen, zur Schule gehen-müssen … Vor allem durch schmerzhafte Erfahrungen, die uns das Geben verboten haben, befinden wir uns nicht selten in einem Haben-wollen-Modus – einem Bettler-Modus: Wir sitzen und warten … warten … warten, bis man uns etwas gibt oder irgendetwas geschieht, und wir endlich erlöst werden.

In Wahrheit warten wir auf eine Art Erlaubnis, wir warten auf einen bestimmten Augenblick in der Zukunft, wo sozusagen die Luft rein ist, und wir die anderen besänftigt oder glücklich gemacht haben, um endlich selbst handeln zu dürfen.

Dieser Moment wird aber niemals kommen, deswegen ist der oben beschriebene Traum keineswegs nur ein Traum, sondern für unzählige Menschen eine entsetzliche Realität: Das innere Feuer in Schach halten, weil es „draußen“ nicht erwünscht ist. Die Folgen sind Bitterkeit, Aggressivität und Hass.

Jeder von uns möchte seinem Herzen folgen, sprich: Tun.

Ich erzähle dir sicherlich nichts Neues, wenn ich sage, dass die wahre Freude am Leben nicht durch das Besitzen kommt. Doch wer lebt schon danach? Sind wir nicht alle stets darum bemüht, sich an irgendetwas zu klammern? Tut das gut?

Ist doch ein blödes Gefühl oder? Ich meine, wollen wir wirklich festhalten? Interessieren wir uns wirklich für Kontrolle und Sicherheit? Oder Macht? Die gute Nachricht ist: Nein, das tun wir nicht. Unserer wahren Natur ist es völlig egal, was wir besitzen. Wir alle sind (immer noch) Kinder – und was wollen Kinder? Spielen. Sich einer Sache hin-geben.

Die wahre Freude am Leben kommt, wenn wir beginnen zu geben, sprich: Zu erschaffen. Und was? Na das, was wir auf dem Herzen haben. Zeichnen, Tanzen, Singen, Blödsinn machen …

In diesem Sinne kann man ruhig von zwei verschiedene Arten von Wünschen sprechen: Die, die geben wollen und die, die haben wollen.

Herzwünsche und Kopfwünsche.

Wenn sich in dir jetzt ein Wunsch regt, beispielsweise nach Anerkennung oder nach Erfolg, dann halte bitte für einen Moment inne und tue nichts. Spüre diese Säure, diese kleinen Arschtritte, die dich dazu zwingen, etwas zu tun, etwas zu unternehmen oder etwas zu verhindern.

Hast du dich schon mal umgedreht, um deinem Wunsch in die Augen zu blicken? Meist tun wir es nicht, da wir von unseren Sehnsüchten nach Bestätigung oder Akzeptanz regelrecht geritten werden. Man könnte fast sagen, wir wären *besessen.*

Doch ich bitte dich jetzt, den Wunsch und seine wilde Geschäftigkeit einfach nur zu betrachten. Nicht nachgehen, nicht mit- oder weglaufen, nur zusehen …

Fühlst du, wie sich der Wunsch gegen dich erhebt? Wie seine Impulse immer heftiger werden und dich regelrecht angreifen? Wie er dich gar körperlich attackiert, indem er Schmerzen aktiviert?

Nun frage dich: Fühlt sich dieses Tohuwabohu gut an? Oder richtig? Was sind die Absichten dieses Wunsches? Zeugen sie von Kreativität? Von Liebe? Entstehen sie aus Fülle? Oder doch aus einem Mangel heraus? Aus Angst? Will dieser Wunsch etwas geben? Etwas erschaffen? Oder will er lediglich seine Umgebung manipulieren, verändern oder gar zerstören?

Wenn du merkst, dass der Wunsch etwas von den anderen verlangt und dich dazu zwingt, irgendwelche Strategien zu entwickeln und dich selbst zu verstellen, wenn du merkst, dass du so wie du bist, nicht gut genug bist, dann wirst du von einem Kopfwunsch geritten.

Kopfwünsche sind immer extern und beziehen sich auf Haben-wollen. Sie kontrollieren unsere Gedanken, unsere Gewohnheiten, unseren Geschmack, unsere Art zu reden, unsere Art, die Welt wahrzunehmen, unsere Art, uns selbst wahrzunehmen. Sie schubsen uns durch die Gegend und machen uns Angst.

Mit anderen Worten: Kopfwünsche fühlen sich furchtbar an. Und sie sind nicht wirklich erfüllbar.

Kopfwünsche wurzeln nicht im Herzen, sondern sich psychologisch begründet: Es sind alte Sehnsüchte, die im Verlaufe unserer Entwicklung entstanden sind. Wenn jemand beispielsweise in der Schule wider Willen Außenseiter war, so entwickelte sich in ihm höchstwahrscheinlich ein sehr starker Wunsch aufzufallen, beliebt zu sein oder einfach nur akzeptiert zu werden. Dieser Wunsch wirkt noch heute, denn unerfüllte Sehnsüchte sterben nicht.

Ein anderes Beispiel: Stelle dir vor, wie jemand in seinem Kindesalter missbraucht wurde und seitdem kein geregeltes Leben führen kann. Zwar war die Erfahrung unendlich schmerzhaft und unbeschreiblich hart, doch das, was die Person immer noch reitet, ist nicht der Schmerz, sondern die Sehnsüchte, die während der Vergewaltigung entstanden sind: „Ich will es nie wieder erleben, ich will immer stark sein, ich will mich schützen können, ich will nie wieder ohnmächtig sein, ich will es verstehen, ich will immer Kontrolle über die Situation haben, ich will Macht, ich will Rache, usw."

Noch ein (sehr klassisches) Beispiel: Jemand wurde noch nie von seinem Vater akzeptiert oder von ihm gar als Versager abgestempelt. Dadurch entstand das massive Verlangen eine epochal-erfolgreiche Karriere hinzukriegen, um die ersehnte Akzeptanz zu erlangen. Die auf den ersten Blick freiwillig gewählte Karriere ist also keineswegs eine Herzensangelegenheit, sondern ein unbewusst geplanter Feldzug, um seinem Vater den eigenen Wert zu beweisen.

Mit anderen Worten: Es ist nicht das alte Leid, das uns immer noch reitet, sondern alte Wünsche, die wir immer noch erfüllen wollen, obwohl sie nicht mehr aktuell sind.

Kopfwünsche entstehen aus Ohnmacht, Frustration und Einsamkeit. Aus Mangel. Anfangs fühlen sie sich gut an, sie geben uns Kraft und Hoffnung, ein schönes Gefühl von „alles wird gut, denen wirst du es schon zeigen!" Sie erscheinen uns zunächst als eine Art Retter und dadurch als das Wertvollste, was wir haben.

Leider merken wir nicht, dass die Sache andersherum ist: Nicht wir haben die Wünsche, sondern die Wünsche haben uns. Sie besitzen uns gewissermaßen, genauer gesagt beherrschen und kontrollieren sie uns mit Hilfe von körpereigenen Impulsen, wie beispielsweise der animalischen Kampf-oder-Flucht-Reflexe. Diese Impulse kennst du sicherlich aus Situationen, wo du unkontrolliert aus dem Affekt heraus gehandelt hast, obwohl nichts wirklich Bedrohliches geschah.

Wenn die Kopfwünsche in uns aktiv sind, stehen wir unter Hypnose. Hypnose ist ja nichts anderes als eine Art Fernsteuerung. Sobald ein Geräusch oder ein bestimmtes Wort ertönt, beginnt die hypnotisierte Person zu gackern oder sich merkwürdig zu verhalten. Warum? Etwas in ihrem Inneren sendet bestimmte Impulse. Diese Impulse sind in der Regel sehr stark, es ist recht schwer, ihnen zu widerstehen.

Doch erst wenn die Person diesen Impulsen folgt, also nachgibt, sich beherrschen lässt, steht sie unter Hypnose. Würde die Person still bleiben und bewusst die inneren Explosionen einfach nur wahrnehmen, hätten sie keine Macht über sie. Dies ist natürlich der Grund, weshalb Buddhismus, Zen, Sufismus, Kabbala und alle anderen spirituellen Lehren das Bewusstsein in den Vordergrund stellen.

Auch wenn es vielleicht danach klingt, möchte ich die Kopfwünsche keineswegs verurteilen, denn sie haben eine sehr wichtige spirituelle Bedeutung und ihren Platz. Sie sind der mythologische Teufel, sie sind der ewige Versucher. Damit meine ich nicht, dass sie böse sind, im Gegenteil, sie schenken uns etwas. Und was?

Sie schenken uns *uns selbst.*

Denn besonders in der Gegenwart von Kopfwünschen bekommen wir die Gelegenheit zu uns zu stehen – uns selbst treu zu bleiben. Wenn ein Kopfwunsch uns vorwirft, ein Versager zu sein, nach dem Motto: „Na los, du Null, beweise dich!“, können wir natürlich unsere Mitte verlassen und einen ewigen Kampf um Anerkennung beginnen, den wir nicht gewinnen können. Oder wir entscheiden uns für die innere Weisheit und verzichten auf den weltlichen Ruhm – entscheiden uns für uns selbst.

Ein Kopfwunsch sagt immer „Du bist nicht genug!“ Doch es liegt an uns, ob wir daran glauben oder nicht. Und es liegt an uns, uns selbst zu fragen, was wir wirklich wollen?

Der (gutmeinende) Teufel ist in unserem Kopf, doch der liebe Gott ist in unserem Herzen.

Herzwünsche fühlen sich gut an, sie geben Kraft, sie wärmen, sie erweitern uns. Herzwünsche sind eines Königs würdig. Was tut ein weiser König? Er gibt. Er schenkt. Wenn du einem Herzwunsch nachgehst, spielt das Ergebnis überhaupt keine Rolle, vielmehr steht der Weg an erster Stelle, also das Tun, nicht das Haben.

Mit anderen Worten: Herzwünsche können nur im Hier und Jetzt stattfinden. Das macht sie so kostbar, leicht und gesund. Wenn wir ihnen folgen, leben wir, wir werden albern, kreativ, verrückt. Diese Wünsche gehen mit dem einher was wir sind – und nicht mit dem, was wir sein *müssten*.

So kehren wir zu der entscheidenden Frage zurück: Bist du dir treu?

Die Gestalt im Spiegel

Ich gebe zu, dass die Selbsttreue sich nach harter Arbeit anhört oder vielleicht einfach nur unangenehm riecht. Es wird uns leider nicht selten in die Wiege gelegt, uns selbst zu verneinen und sich stets Dinge zu wünschen, die nichts mit unserem Herzen oder mit unserer wahren Natur zu tun haben.

Wenn wir in den Spiegel schauen, sehen wir uns selbst in den meisten Fällen mit den Augen der Anderen an. Wir sehen all die Dinge, die anderen missfallen könnten. Auch hier sprechen die Kopfwünsche, obgleich wir absolut davon überzeugt sind, dass *uns* unser gutes Aussehen wichtig ist.

Viel zu selten betrachten wir uns mit unseren eigenen Augen. Viel zu selten machen wir uns nur für uns selbst schick. Meist heißt es: „Wenn ich diesen Pickel nicht entferne, werde ich nicht gemocht oder blöd angemacht. Wenn ich nicht abnehme, wird mein Traumprinz nicht auftauchen. Wenn ich meine Nase nicht operieren lasse, werde ich mein Leben lang allein bleiben.“

Es ist verständlich, gemocht und geliebt werden zu wollen oder einfach nur glücklich sein zu wollen. Leider sind gerade diese Basic-Wünsche die gefährlichsten. Denn das perverse kosmische Gesetz lautet: Das Verlangen nach Glück erschafft Unglück. Das Verlangen nach Liebe erschafft einen Mangel an

Liebe. Das Verlangen nach Anerkennung erschafft Ignoranz und Abwertung.

Wenn wir die Kopfwünsche als solche erkennen, kommen wir in den Ist-Zustand. Dieser Ist-Zustand ist leider Hier und Jetzt. Ich sage „leider", weil dieses Hier-und-Jetzt-Gelaber den meisten von uns bereits aus dem Hals heraushängt. Weshalb? Weil es schwierig ist. Verdammt schwierig. Wir sind nun mal nicht gerne Hier und Jetzt, weil Gedanken und Wünsche niemals Hier und Jetzt sind.

Stattdessen träumen wir lieber von Morgen und verlieren uns in vorfreudiger Farbenpracht – ich spreche aus Erfahrung, schließlich schwebte ich in den ersten zwanzig Jahren meines Lebens regelrecht in den Wolken. Ich war von meinen Wünschen derart besessen, dass der Blick in die eigentlich sehr harmlose, ruhige, gar langweilige Realität einem unerträglichen Albtraum gleichkam. Als ich schließlich abstürzte und das Jetzt ansehen musste, wollte ich mir das Leben nehmen, denn nichts war in diesem Jetzt so, wie ich bzw. meine Wunschorgie es gerne hätte.

Ich finde, man kann anhand meines Beispiels genau erkennen, wie Leiden entsteht: Durch einen Vergleich. Die Welt im Kopf und die Welt außerhalb des Kopfes sind selten identisch. Ich bezeichne die Welt der Kopfwünsche als eine Art Blaupause. Alles, was dieser Blaupause entspricht wird genehmigt, alles andere wird bekämpft und kritisiert. Das „bemerkenswerte" an dieser Blaupause ist

Folgendes: Sie ist nicht statisch, sondern gewissermaßen flexibel, von ihrem Wesen her unantastbar, man könnte fast sagen *eitel.* Sobald man sich ihr nähert, geht sie einen Stück höher und verändert sich – und bleibt unerreichbar.

Wenn wir also in den Spiegel schauen und dabei von unseren Kopfwünschen traktiert werden, findet ebenfalls ein Vergleich statt. Das, was wir sehen, wird mit dem verglichen, was wir sehen sollten. In neun von zehn Fällen glauben wir dem Spuk, der uns serviert wird, so dass wir in Rastlosigkeit verfallen und zu rennen beginnen: „Ich muss mich verändern, ich muss sie alle zufriedenstellen, ich muss gefallen, ich muss es schaffen … mehr Ratgeber lesen ... mehr Seminare aufsuchen …“ Ein Fass ohne Boden eben.

Wenn wir beginnen, uns von der Blaupause zu distanzieren, wird es zunächst sehr grau um uns herum, aber vor allem in uns. Wir bekommen das Gefühl, weniger zu sein, und wer mag das schon? Besonders am Anfang meiner Loslösung von den Kopfwünschen hatte ich das Gefühl im Herbst zu leben. Alles wurde irgendwie trostlos, grau-braun, verregnet, schlammig. Ich sehnte mich nach meiner Blaupause, die einem prachtvollen lichterlohen Sommer gleichkam, voll Wärme und Sinnlichkeit.

Psychologisch betrachtet fehlte mir eine Stimulation. Ich starrte auf mein Gesicht, auf mein Leben, auf meinen Alltag und fühlte nichts, was natürlich nicht stimmte. Ich fühlte sehr wohl, nur waren diese Gefühle einfach schwächer als ich es gewohnt war.

Der Tornado der Kopfwünsche, diese Melange aus Angst, Zorn, Neid, Verzweiflung und Lust hatte mich ununterbrochen stimuliert, so dass ich davon geradezu abhängig wurde. Als ich die Blaupause zum Mond kickte (oder mich dazu entschied, es zu tun), begann mein Entzug.

Aber ich spürte einen tiefen Frieden, den ich allerdings nicht zu schätzen wusste. Ich erkannte sogleich, dass ich vergessen hatte, wie man *genießt*. Das ist das Paradoxe an der ganzen Kopfwünsche-Angelegenheit: Ich war seit zig Tausend Jahren unterwegs. Warum? Um Glück zu finden. Doch Glück ist ein Gefühl. Gefühle wollen *genossen* werden. Aber ich konnte es nicht. Und warum? Weil ich seit zig Tausend Jahren unterwegs war.

Warum haben wir also Schwierigkeiten, das, was wir im Spiegel sehen, zu mögen oder wenigstens zu akzeptieren? Wahrscheinlich denkst du spontan an eine angelernte Selbstverneinung oder gewisse Erfahrungen, die du durchgemacht hast. Du hast sicherlich Recht, wir haben eine Menge Enttäuschungen und Tragödien hinter uns, die uns geprägt und bisweilen gebrochen haben. Doch sie sind nicht der eigentliche Grund, weshalb wir das, was wir sehen, nicht ertragen können.

Wir mögen das Gesehene nicht, weil etwas in uns sagt: „Du hättest so viel haben können, du hättest so ein geiles Leben haben können, einen fantastischen Partner, eine einmalige Karriere, Kinder, die dich achten, Freunde, die immer für dich da sind, Geld,

Erfolg, Wohlstand, Ruhm, Anerkennung. Aber schau dich an, du hast nichts erreicht. Und weißt du warum? Weil du so bist, wie du bist."

Wir mögen die Gestalt im Spiegel nicht, weil sie uns *zu wenig* ist.

Wir leiden, weil wir felsenfest davon überzeugt sind, nicht gut genug zu sein – nicht gut genug für was? Für gewisse Dinge, die wir unbedingt in unserem Leben haben möchten. Deswegen beginnen wir, an uns zu arbeiten, uns von innen heraus umzudrehen, wir reisen in die Vergangenheit, um alte Ereignisse zu verarbeiten oder üben uns in Vergebung. Wir beginnen, unseren Geist zu erforschen und irgendwelche Glaubenssätze zu verändern. Und ich kenne niemanden, der diese Arbeit gerne macht.

Wieso auch? Das Leben ist verflucht kurz, und dann müssen wir noch diese ganze spirituelle Kacke auf uns nehmen? Wofür? Damit Menschen uns mehr mögen? Damit wir zwanzig Euro mehr in der Tasche haben? Diese ganze Vergewaltigung für ein wenig Anerkennung und Erfolg?

Um es in andere Worte zu kleiden: Wir verraten, verbiegen, nötigen und verlassen uns selbst, für ein wenig … Glück? Was ist das für ein Glück, das solche Opfer verlangt? Kann es das wahre Glück sein?

Ich habe Glück erlebt. Doch es war ein spontanes Glück, ohne Gründe, meist waren es Momente, wo ich allem entsagte, nicht aus irgendeiner bombastischen spirituellen Hingabe oder weil ich ganz unverhofft Liebe zur Welt und Gott entdeckt hatte. Nein, ich tat es, weil ich diese ganze Sucherei und Erreicherei einfach nur satt hatte und ihr den Stinkfinger zeigte: „Leck mich, Glück! Leck mich, Liebe! Wenn ich all das tun muss, um mich gut zu fühlen, dann verzichte ich darauf."

Und plötzlich war ich im Frieden. Plötzlich war ich in Gott. Plötzlich war ich glücklich. Aber es war mir egal, denn ich war einfach nur zufrieden das zu sein, was ich war – zufrieden zu sein. Der ganze ach-so-wichtige Rest geschah von selbst und war einfach nicht mehr wichtig. Warum war er nicht mehr wichtig?

Weil er nicht wichtig *ist*.

Gleichzeitig ist die Beziehung zu uns selbst die wichtigste die wir haben, und da wir die äußere Welt durch innere Antennen definieren bzw. wahrnehmen, auch die einzige. Wir sind das größte Geheimnis unseres Lebens, aber auch das Schweigsamste, denn unsere wahre Natur ist keineswegs der schrille Gedanke oder das brennende Gefühl. Wir sind das Wesen, das Gedanken und Gefühle *wahrnimmt*. Das, was wir sind, geht tiefer und ist dementsprechend dunkler, geheimnisvoller.

Wenn wir uns morgens oder abends im Spiegel beäugen, sehen wir so gut wie nie uns selbst. Meist sehen wir, wie bereits erwähnt, unsere unerfüllten

Wünsche und verlieren uns in der daraus resultierenden Kritik – wir sehen lediglich Dinge, die nicht da sein dürfen, Dinge, die falsch sein sollen. Doch, was wirklich da ist, bleibt uns leider verborgen, obwohl es direkt vor unserer Nase steht.

Stell dir vor, du befindest dich im Louvre und stehst direkt vor Mona Lisa. Du hast eine lange Reise hinter dir und möchtest den Anblick dieses einmaligen Gemäldes in dich aufnehmen. Plötzlich tauchen wie aus dem Nichts spaßwütige Clowns auf und beginnen direkt zwischen dir und Leonardos Meisterwerk umherzutanzen, Luftballons zu zerplatzen und dir Torten ins Gesicht zu werfen. Wie lange wird es wohl dauern, bis deine ganze Aufmerksamkeit auf diese Chaoten gerichtet ist?

Es geht nicht darum, etwas Bestimmtes zu tun, es geht nicht darum, etwas zu verstehen oder zu heilen, es geht auch nicht darum, sich besonders fleißig anzustrengen. Im Gegenteil:

Es geht darum, *weniger* zu werden.

Mit anderen Worten: Entspanne dich! Du schaffst es eh nicht lebend heraus!

Alles in uns darf sein

Ich würde jetzt sehr gerne zu dem etwas unheimlichen Gleichnis mit dem Sarg zurückkehren, da ich das Gefühl habe, die Aussage „Akzeptanz ist ein Aufgeben", nicht ausreichend beleuchtet zu haben. Schließlich ist Akzeptanz wohl die wichtigste Ausrichtung, die wir an den Tag legen müssen.

Wenn du dich schon länger mit Spiritualität und Selbsterforschung beschäftigst, wirst du vermutlich bereits mit den Augen rollen und meinen: „Das weiß ich doch, du Maulwurf."

Dennoch fällt uns schwer dieses Wissen tatsächlich in die Tat umzusetzen. Vielmehr benutzen wir dieses wissen als eine Art Hoffnungsmobil, das uns ein gutes Gefühl gibt à la „Ich werde es irgendwann machen, aber nicht jetzt!". Doch diese Zukunft kommt nie, vielmehr schieben wir den wichtigen Schritt des Akzeptierens vor uns hin und warten auf einen günstigen Augenblick, der natürlich niemals kommen wird.

Warum tun wir das? Weil das Akzeptieren uns mit der inneren Realität und Wahrheit konfrontiert, die wir nicht wirklich mögen. Es hat etwas Schwerfälliges an sich, die eigenen Untiefen zu betrachten. Wir wollen nicht wahrhaben, dass irgendetwas Sperriges in uns haust. Es berühren und mögen zu können, verlangt eine gewisse selbstlose Einstellung und natürlich Mut. Manchmal wagen wir gar diesen Schritt und erblicken unsere internen

„Ungeheuer". Doch wir bleiben nicht lange genug in ihrer Gegenwart. Schlimmer noch: Wir schauen sie an, berühren sie eine halbe Sekunde lang und erwarten sofort eine Veränderung. Das Monstrum soll weg. So funktioniert es aber nicht.

Es ist wie in einer Beziehung zwischen der Mutter und ihrem Kind: Wenn das Kind durch das Weinen auf sich selbst aufmerksam macht, liegt es an der Mutter, dem Kind diesen natürlich und gewichtigen Wunsch zu erfüllen. Trost, Halt, Akzeptanz. Die Mutter nimmt ihr Kleines in den Arm und drückt es fest an sich. Dabei schaut sie nicht auf die Uhr, nach dem Motto „Na, bist du langsam fertig?". Im Gegenteil, sie verzichtet auf Dinge, die Sie in dem Augenblick erledigen müsste oder *möchte*. Sie ergibt sich sozusagen dem Flehen ihres Kindes und sagt ihm dadurch „Dein emotionaler Zustand ist willkommen, mein Schatz! Und ich bleibe bei dir, solange dein Schmerz andauert!".

Dieses Bild von der Mutter und dem Kind ist nicht nur symbolisch gemeint, sondern hochgradig praktisch. Wenn meine Tochter Angst hat, nehme ich sie ebenfalls in den Arm und versuche ihr das Gefühl zu vermitteln, dass ihre Angst völlig in Ordnung ist und da sein *darf*. Und schon entspannt sie sich.

Gleichzeitig merke ich jedes Mal, dass mir selbst genau diese Einstellung seitens meiner Eltern immer gefällt hat. Vielmehr wurde ich für meine recht reiche Gefühlswelt verurteilt und musste sie unterdrücken, so dass ich irgendwann angefangen habe, mich vor meinen Gefühlen zu fürchten, sie zu selektieren in „erwünscht“ und „unerwünscht“. So etwas führt natürlich nirgendwohin. Ich möchte auch nicht meine Eltern verurteilen, da sie es einfach nicht besser gekonnt bzw. gewusst haben.

Worum es mir geht ist Folgendes: Wir alle haben ein sehr reiches und vielschichtiges Innenversum aus Gefühlen und Empfindungen. Und es liegt an uns, den Deckel aufzumachen und hineinzuschauen. Wir alle haben sehr viel Zeit damit verbracht, das Unbekannte in uns zu bekämpfen oder in ein anderes Licht zu setzen. Aber es hat uns nicht weit gebracht. Daher lautet die Regel: Wenn sich etwas in uns regt, dürfen wir es nicht verneinen. Warum? Weil es Wahnsinn ist. Warum Wahnsinn? Weil wir etwas verneinen, was nun mal da *ist*. Es ist wie, als würden wir die Tatsache bekämpfen, dass die Erde rund ist.

Ich weiß, es sind nur gut gemeinte Worte. Sicherlich denkst du bereits: „Das klingt alles sehr nett, aber dieses Akzeptieren ist verdammt hart!“ Ja, du hast Recht. Es ist hart. Doch die Dinge *nicht* zu akzeptieren ist noch härter. Was ist die intensivste Begleitung dieser Verneinung? Stress. Es tut weh, zerreißt uns und macht überhaupt keinen Spaß.

Außerdem ist die Energie des Kämpfens die gleiche wie die des Festhaltens. Wie soll sich irgendetwas in uns ändern, wenn wir es durch unsere Aggression festhalten? Die Sache ist die: Insgeheim wissen wir alle, das Akzeptieren sich gut anfühlt, leichter, freier. Warum tun wir es dennoch nicht? Weil wir alle ob bewusst oder unbewusst nach Macht und Kontrolle streben – vor allem über uns selbst. Irgendetwas in uns zu akzeptieren erscheint uns daher als eine Art Machtlosigkeit oder gar Niederlage.

Doch ein sehr weiser Spruch lautet: Willst du Recht behalten oder glücklich sein?

Akzeptanz ist ein Aufgeben. Wovon? Von Kontrolle, von Macht über sich selbst und vor allem von Vorstellungen wie wir zu sein haben. Und vom Letzteren haben wir genügend eingeimpft bekommen. All die Glaubensätze, die ein „müssen" oder „sollen" beinhalten, sind verstümmelte bzw. *verstümmelnde* Kinder dieser Einimpfung.

Worum es hier also geht, ist den Aspekt des „Hässlichen" in uns zu bejahen – das Hässliche, das nicht wirklich hässlich ist, sondern missverstanden, nicht gefühlt, nicht erwünscht. Und du hast Recht, es fühlt sich zunächst furchtbar an. Doch was ist das, was sich furchtbar anfühlt? Ist es das Gefühl? Nein. Es ist der *Widerstand*, der schmerzt. Wenn du nämlich Irgendetwas in dir mit einem Flammenwerfer angreifst, beginnt es sich zu wehren und erklärt dir den Krieg. Und diesen Krieg willst du nicht. Du wirst ihn verlieren.

„Bleibe dir treu" bedeutet, nach Innen zu gehen und dort zu *bleiben*. Was bedeutet bleiben? Fühlen. Oder auch Mit-fühlen. Mitgefühl.

Aber nicht nur das Mitgefühl ist dabei gefragt, sondern eine gewisse Verantwortung über das eigene Innenversum. Denn der Aspekt des Akzeptierens bezieht sich nicht nur auf die Gefühle, sondern besonders auf all die vielen Sehnsüchte und Wünsche, egal, ob sie im Kopf oder im Herzen ihre Party veranstalten.

Vor allem die Sehnsüchte ertragen wir so gut wie gar nicht, weil wir sie uns verbieten, uns für sie schämen, uns dafür verurteilen. Diese Einstellung wurzelt natürlich ebenfalls in der Kindheit, ist aber nicht wirklich relevant, da wir Hier und Jetzt handeln und zu unseren Wünschen und Sehnsüchten stehen dürfen. Das bedeutet nicht, dass wir sie alle erfüllen müssen. Nein, vielmehr liegt es an uns, ihnen zu erlauben, da zu sein, weil sie eben da *sind.* Was danach passiert ist die Angelegenheit des Universums und der Wünsche selbst.

Wichtig: Die Energie des Willens ist sehr mächtig, sie wird zu einem gefährlichen Feind, wenn wir sie bekämpfen wollen. Daher lautet eines der wichtigsten Fragen der Selbsterforschung:

Was will ich eigentlich?

Diese Frage ist nicht nur wichtig, damit wir wissen, wohin wir uns im Leben bewegen, sondern damit wir erfahren, warum und *woran* wir leiden. Erinnerst du dich an die Frage „Warum tue ich das?". Antwort: „Weil ich etwas will. Doch was?"

Deswegen empfehle ich dir, dich mit deinen Sehnsüchten auseinanderzusetzen und sie sogar tagtäglich aufzuschreiben. Vergiss bitte nicht: In neun von zehn Fällen leiden wir, weil wir etwas wollen. Die Krugs ist: Meistens wissen wir nicht ein Mal, was das sein soll. Bringe also bitte etwas Licht in die Angelegenheit. Du wirst unter anderem auch sehen, dass du vor deinen Wünschen viel mehr Angst hast, als vor deiner Wut oder deinem Hass.

Nichts fürchten wir mehr, als unerfüllte Sehnsüchte, die lebendig begraben wurden. Grabe sie bitte wieder heraus und sage „Ja!“ zu ihnen.

Keine spirituelle Ausrichtung bringt den Aspekt der Akzeptanz tiefsinniger auf den Punkt als die hawaiianisch-schamanische Selbstheilungsmethode "Ho'oponopono". Die Methode selbst könnte nicht einfacher sein und besteht lediglich aus vier Sätzen. Das Entscheidende dabei ist die Philosophie: Das „Hässliche“ in sich selbst liebevoll umarmen und sich gar bei „ihm“ entschuldigen.

Höchstwahrscheinlich kennst du diese Methode. Ich weiß, ich habe versprochen keine Methoden einzuführen, doch diese ist simpel, elegant und schnell erlernbar.

Das Entscheidende dabei ist deine emotionale Bereitschaft, mit sich selbst Freundschaft zu schließen und deinen Untiefen die Hand zu reichen.

1. Ich bitte dich, deine (vermutlich abweisende) Einstellung zu dem Hässlichen in dir zu bestätigen, in dem du zu ihm „Es tut mir leid“ sagst.
2. Nun bitte ich dich, dich bei dem Hässlichen zu entschuldigen, in dem du „Vergib mir“ sagst.
3. Der nächste Schritt ist die ausstehende Harmonisierung des Hässlichen, die mit „Ich danke dir“, eingeleitet wird.
4. Nun bitte ich dich, das Hässliche in dir zu lieben (oder wenigstens dich dafür bereit zu erklären), in dem du „Ich liebe dich“ sagst.

Wiederhole bitte den Vorgang so oft du magst und verbleibe dabei bitte ehrlich, unterdrücke nichts. Genieße die Tränen und die Entspannung.

In diesem Sinne wünsche ich dir eine filmreife, emotionale Versöhnung mit dir selbst.

Der Fels in der Brandung

Wir alle suchen unentwegt nach einer gewissen Rettung außerhalb von uns selbst, nach einer gewissen Sicherheit und Bestätigung darüber, dass unser Leben bzw. wir in Ordnung seien. Doch wer entscheidet, ob unser Leben oder wir „korrekt“ sind? Wer hat das Recht dazu, über uns zu urteilen? Existiert überhaupt eine Norm für das Richtige?

Ich meine, schaue dir bitte die Welt an: Jedes Land und jedes Individuum haben Leichen im Keller. Und trotzdem versucht jeder verkrampft einen Schein von Richtigkeit, Korrektheit und sogar Lebensweisheit zu wecken. Und jeder glaubt zu wissen, was für andere bzw. *uns* das Richtige sei.

Doch wer ist der Fels in der Brandung? Ich meine, wer holt uns aus dem Dreck heraus, wenn es hart auf hart kommt? Unsere Partner, Freunde oder Eltern mögen uns Ratschläge geben, uns in den Arm nehmen oder hier und da ein paar Anrufe tätigen. Der liebe Gott mag uns Halt geben. Doch wer ist das eine Wesen, das nach einem schweren Sturz letztendlich aufstehen muss und es schließlich auch tut?

Mit anderen Worten: Wer hat deine Einzelteile vom Boden aufgelesen und sie zusammengeklebt, als das Leben oder der Alltag oder irgendeine alte Erinnerung dich zum x-ten zerbrochen haben?

Du. Du ganz allein.

Darauf solltest du anstoßen. Und zwar jeden Abend aufs Neue. Trotz Tornados, Erdbeben und Tsunamis bist du immer noch hier (und liest dieses Buch). Ich meine, wer löst deine Probleme wirklich? Wer hat geniale Einfälle und Lösungen? Wer ist in der Lage all deine geheimen Schmerzen und Sehnsüchte zu ertragen, ohne zu zerbrechen und dennoch hoffnungsvoll in die Zukunft zu blicken? Wer ist immer bei dir?

Wer bleibt *dir* treu?

Wir alle haben einen kleinen weisen Dämon in uns, der das Entscheidende bereits weiß oder wenigstens erahnt. Dieses Buch ist ihm gewidmet. Und wenn du christlich veranlagt bist und ob der Wahl meiner Worte erschrocken bist (damit meine ich das Wort „Dämon“), so möchte ich dir dazu folgendes sagen: „Dämon“ ist altgriechisch und bedeutet „Weiser“.

Wir sind hier auf dieser Erde, um Weisheit zu erlangen. Und Weisheit kommt nicht durch das Lesen von Büchern, sondern durch Erfahrungen, durch das Verleben des Lebens, durch Anfassen-Festhalten-Leiden-Loslassen-Entspannen.

Erst wenn wir durch Dreck gehen, Fehler machen, uns selbst verlieren und irgendwie nicht mehr finden können, beginnen wir Dinge zu erkennen. Wir werden wacher, bewusster, aber vor allen Dingen verrückter, lustiger. Irgendwann erkennen wir, dass das Leben, wie bereits gesagt, absolut keinen Sinn hat. Das Leben ist absurd und dadurch grenzenlos.

Deswegen haben die meisten Meister im Augenblick ihrer Erleuchtung gelacht. Warum sollte es auch anders sein? Bedeutung erschafft unnötige Ernsthaftigkeit. Zu viel Bedeutung erschafft Leid.

Vielleicht fragst du mich jetzt: „Und? Stehst du zu dir selbst?" Ich gebe dir zwei Antworten: Oh ja, das tue ich. Nein, auf keinen Fall. Denn auch ich hadere hin und wieder mit mir selbst und werde regelmäßig von wilden Kopfgeburten aufgespießt. Doch genau das ist ein Teil meiner menschlichen Natur. Immer unterwegs. Ich stehe dazu, bleibe mir treu.

Außerdem gehöre ich zu der so genannten HSP-Gruppe – High Sensitive Person, also mit einer besonderen angeborenen Sensibilität. Diese Sensibilität ist keine Störung, sondern eine Anomalie und bedeutet nicht, dann man sich als Mann gerne schminkt oder in einem rosafarbenen Tütü die Welt erobern möchte. Vielmehr bedeutet HSP im schlimmsten Falle immerwährende Schmerzen und zwar bis zum Ende des Lebens.

Denn besonders „sensibel" bedeutet, dass jeder Impuls, der sich in einem erhebt, das Doppelte, Dreifache, gar Fünffache an Intensität eines normalen Impulses besitzt und einfach verflucht wehtut. Das musst du dir so vorstellen: Wenn du Angst hast, zittern deine Knie, wenn du glücklich bist, schmerzen deine Zähne, wenn du wütend bist, hast du das Gefühl, von innen zu explodieren, usw. Irgendetwas in dir ist immer sperrig. Selbst wenn du entspannt bist, wird die Entspannung irgendwann zu einer Plage.

Auch jetzt, während ich schreibe, habe ich Schmerzen. Die sind nicht immer stark. Aber sie sind immer da. Zum Glück hat HSP verschiedene Stärken bzw. Stufen, doch im Grunde ist diese Abnormität nicht wirklich erforscht. Ich weiß auch nicht, welche Stärke ich habe, ich weiß nur von der Hebamme (meine Eltern haben mir davon erzählt), die nach meiner Geburt meinte, ich hätte das empfindlichste Nervensystem, dem sie je begegnet sei. Klingt nach einer Superhelden-Story oder so ähnlich: „Hier kommt Mr. Sensitive! Taschentücher bereithalten!“

Ich erlebe mich nicht selten als einen merkwürdigen Widerspruch: Ich kann um Mitternacht durch einen pechschwarzen Wald joggen, ohne mit der Wimper zu zucken, andererseits kann mich ein einfaches Telefonat mit einem Amt völlig aus der Bahn werfen. Ich habe überhaupt kein Problem damit, in die furchtbarsten Höllenwelten meiner Freunde oder Klienten einzutauchen, um sie herauszuholen, andererseits kann ich völlig aufgelöst reagieren, wenn irgendein Kind meine kleine Tochter zum Weinen bringt, in dem es ihr sagt, ihre Jacke sähe hässlich aus – so etwas macht mich fix und fertig.

Ich stottere, ich kann mir keine Geburtstage merken und bin generell vergesslich, ich hasse Ungerechtigkeit, vor allem, wenn Schwächere von deutlich überlegenen Halbstarken bedrängt werden, ich bin ein Vegetarier, obwohl Fleisch einfach nur geil schmeckt (so dass ich ab und an schwach werde), ich kann Smalltalk nicht ausstehen, bin verrückt nach Filmen und Musik, liebe Achterbahn, Sushi und Sex. Die Liste ist ewig.

Und wie bist du?

Nachwort

Zum Schluss betrachte bitte das Cover dieses Buches: Ein Mädel mit einer Gitarre, mitten in einer sonnigen Landschaft. Es gibt einen Grund weshalb ich dieses Bild ausgesucht habe. Es beinhaltet eine gewisse Zerbrechlichkeit und Einsamkeit eines Individuums. Gleichzeitig findet sich darin ein künstlerisches, kreatives Element und natürlich das Wesentliche: Freiheit.

Nun stell dir bitte vor, was geschehen würde, wenn das Mädel beginnen würde, sich ganz verbohrt statt der Gitarre ein Schlagzeug zu wünschen oder eine Band oder gar eine Bühne mit einem kreischenden Millionenpublikum. Wohin würden die Leichtigkeit und die Freiheit verschwinden? Und die eine natürliche Kreativität, die vom Herzen kommt?

Verstehe mich bitte nicht falsch: Sich als (Lebens)Künstler weiterzuentwickeln und beispielsweise als Musiker in einer Band zu spielen, ist ein natürlicher Prozess. Doch dieser Wunsch steht an zweiter Stelle und darf niemals den *eigentlichen* Wunsch schwächen, nämlich Musik zu machen.

Genauso darf niemals ein Wunsch nach einer persönlichen bzw. spirituellen Entwicklung unseren Ist-Zustand, also das, was wir in diesem Moment sind, angreifen. Der Kopfwunsch muss dem Herzwunsch dienen. Nicht umgekehrt.

Doch das ist nicht die entscheidende Frage. Die eine gewichtige Frage, die mir am Herzen liegt, lautet: Wie langweilig wäre diese gewiss wunderschöne Landschaft, wenn es das Mädel nicht geben würde?

Mit anderen Worten: Was wäre die Welt ohne dich?

Langweilig.